Kuno Fischer

Lessing´s Nathan der Weise

Idee und Charaktere der Dichtung

Verlag
der
Wissenschaften

Kuno Fischer

Lessing´s Nathan der Weise

Idee und Charaktere der Dichtung

ISBN/EAN: 9783957004895

Auflage: 1

Erscheinungsjahr: 2015

Erscheinungsort: Norderstedt, Deutschland

Hergestellt in Europa, USA, Kanada, Australien, Japan
Verlag der Wissenschaften in Hansebooks GmbH, Norderstedt

Lessing's

Nathan der Weise.

Idee und Charaktere der Dichtung

dargestellt von

Kuno Fischer.

Zweite Auflage.

———o×o———

Stuttgart.

Verlag der J. G. Cotta'schen Buchhandlung.

1872.

Inhaltsverzeichniß.

Um mir mit wenigen Worten den Weg zu meiner Aufgabe zu bahnen, so nehme ich es als eine bekannte und zugestandene Thatsache, daß die Dichtung, von der ich reden will, zu den bedeutsamsten unserer gesammten Literatur gehört, daß in keinem seiner Werke Lessings Persönlichkeit vollständiger und erkennbarer hervortritt als in diesem, daß endlich, um den Werth Lessings kurz zu bezeichnen, er der Reformator der deutschen Literatur wurde, als diese Literatur zum zweitenmal berufen war, die Höhe der Welt zu ersteigen.

Ich glaube nicht, daß jemand ist, der diese Sätze bestreitet. Und doch sind bei dieser allgemeinen Anerkennung die Urtheile im Einzelnen über den Werth unserer Dichtung bis heute sehr getheilt. Kaum wird eine andere unter den großen Dichtungen so viele Gegner zählen als diese. Die einen verwerfen den Nathan als Kunstwerk, als

Drama; die andern, deren Zahl größer, verwerfen
ihn um des religiösen Motivs willen, das ihm zu
Grunde liegt. Beide Stimmen haben ihre Führer
und die Stimmführer ihren Chor, der die vorge-
sprochenen Urtheile nachspricht und weitergibt. So
ist es gekommen, daß diese Dichtung förmlich be-
lagert ist durch ein Heer von Vorurtheilen, welche
die meisten empfangen, noch ehe sie im Stande sind,
den Gegenstand selbst zu durchdringen. In einem
solchen Fall ist es am gerathensten, so wenig als
möglich die Urtheile anderer, ob sie nun loben oder
verwerfen, so unbefangen und tief als möglich die
Sache selbst auf sich wirken zu lassen, um zu erfahren, was sie ist. Um eine solche Würdigung ist
es mir in diesem Vortrage zu thun. Darum werde
ich weniger von den Urtheilen über Nathan als
von diesem selbst sprechen.

I.

Entstehung.

Das drittletzte Decennium des vorigen Jahrhunderts hatte mit großen Dingen begonnen: neben
Lessings Emilia Galotti die Erstlinge Goethes,

der Werther und Götz; Lessing selbst in der Kraft
des männlichen Alters, auf dem Gipfel seiner Kunst,
von dem er nicht herabsteigen, sondern zeitig hin=
weggerafft werden sollte. Es scheint, als ob er
nach der Emilia Galotti das Feld der Dichtung
verlassen. Sein Amt in Wolfenbüttel, die Reise
nach Italien, die Herausgabe der wolfenbüttler
Fragmente und die damit verbundenen Kämpfe be=
schäftigen nach andern Richtungen sein Interesse
und seine Kraft. Wer den Beruf hat zu refor=
miren, der hat auch die Pflicht zu kämpfen. Diese
Pflicht hat Lessing mit einer Kraft und einem Er=
folge erfüllt, daß Goethe und Schiller in einem
ihrer Xenien ihn als den Achilles der deutschen
Literatur preisen konnten.

Ein Menschenalter ist Lessing literarisch wirksam
gewesen, und jedes dieser drei Jahrzehnte ist durch
Feldzüge ausgezeichnet, die er geführt und gewonnen
hat, und die wie die Gewitter in der Natur und
die fruchtbaren Kriege im Leben der Völker gewirkt
haben: die Atmosphäre reinigend. Sie beginnen
mit dem „Vademecum" und enden mit dem „Anti=
göze." Lessings erste Polemik ist das Vorposten=
gefecht gegen den Pfarrer von Laublingen, seine

letzte ist der Krieg gegen den Hauptpastor von Hamburg; dort handelt es sich nur um eine schlechte Horazübersetzung, hier um das Buch der Bücher und die Cardinalfrage des Glaubens. Und zwischen beiden, dem Vademecum und dem Antigöze, die drei entscheidenden Feldzüge: die Literaturbriefe am Ende der fünfziger Jahre und in dem folgenden Jahrzehnt die Dramaturgie und die antiquarischen Briefe gegen den hallischen Klotz.

Lessings poetische Thaten stehen in einem sehr genauen Zusammenhang mit seinen kritischen. Auf die Literaturbriefe folgt die Minna von Barnhelm, auf die Dramaturgie Emilia Galotti, auf den Antigöze Nathan der Weise. Der Zusammenhang in allen drei Fällen liegt offen am Tage. Doch würde man in dem letzten nicht zutreffend urtheilen, wenn man den Nathan seiner ganzen Entstehung nach nur aus dem Antigöze erklären wollte, als ob er nur eine Fortsetzung dieses Streits, nur eine Digression gewesen wäre, welche der Dichter zu Gunsten seiner im Kampf begriffenen theologischen Richtung auf seine alte Kanzel, das Theater, gemacht habe.

Die Motive zu unserer Dichtung liegen tiefer.

Sie werden durch jenen theologischen Streit nicht er=
zeugt, sondern nur geweckt und der letzte Antrieb
zu ihrer Ausführung gegeben. In den Jahren von
1774—78 hatte Lessing aus einem hinterlassenen
Werke des hamburger Professor Hermann Samuel
Reimarus einige Bruchstücke veröffentlicht, als ob
sie aus den handschriftlichen Schätzen der wolfen=
büttler Bibliothek kämen. Er wollte absichtlich und
versprochenerweise den wahren Verfasser nicht bloß=
stellen. So hießen die herausgegebenen Abschnitte
die wolfenbüttler Fragmente und der ungenannte Ver=
fasser der wolfenbüttler Fragmentist. Das Werk des
Reimarus war, wie es sich selbst nannte, eine Schutz=
schrift für die vernünftigen Verehrer Gottes, eine
Vertheidigung der Vernunftreligion durch eine Wider=
legung der geoffenbarten; es war ein Angriff gegen
die biblische Religion beider Testamente, gegründet
auf eine Kritik des gesammten Kanons. Die Bruch=
stücke, namentlich die letzten, welche die Geschichte
und Person Jesu beurtheilten, entzündeten den Streit,
der besonders von einem lutherischen Prediger in
Hamburg, Melchior Göze, mit sehr heftigem Eifer
begonnen und geführt wurde, weniger zur Wider=
legung des Fragmentisten, die Lessing wünschte, denn

er war keineswegs mit der Grundanschauung desselben einverstanden, als zur Verketzerung und Ver-
dammung sowohl des Verfassers jener Schriften als
ihres Herausgebers. In den Augen des hamburger
Hauptpastors waren die Fragmente, weil sie den
Bibelglauben bekämpften, schlechterdings religions-
verderblich und darum auch staatsgefährlich: er warf
dem Herausgeber vor, daß er sich der Theilnahme
an diesen Freveln schuldig gemacht, denn seine
Gegensätze gegen den Ungenannten seien nur schein-
bar und machten die Sache nicht besser, sondern
vielmehr schlimmer; er, der Herausgeber, sey der
Hehler, der den Einbruch in die Heiligthümer des
Glaubens begünstige.

Lessings Vertheidigung, zugleich eine Abwehr
und eine tief eindringende Widerlegung, sind seine
berühmten gegen Göze gerichteten Briefe, „der Antigöze," durch die Bedeutung und Fassung der Streit-
frage, die Tragweite der Untersuchung, die persönlichen Kräfte, die Lessing ins Feld führte und
die nur ihm zu Gebote standen, eine Streitschrift
einzig in ihrer Art auf dem Gebiete der theologischen
Literatur. Es handelte sich nicht blos darum, die
Freiheit der Forschung aus dem Rechte des Prote-

stantismus gegen den lutherischen Eifer des Buch=
stabenglaubens zu vertheidigen, sondern zugleich die
Unabhängigkeit der Religion, insbesondere der christ=
lichen, von allem Buchstabenglauben aus ihrer Natur
und Geschichte zu rechtfertigen; denn die Religion sei
älter als die Schrift, das Christenthum älter als die
Bibel, es habe v o r dem Kanon bestanden und
könne daher unmöglich von dem Buchstaben des letz=
teren abhängig gemacht werden. Es handelte sich da=
rum, das Urbild der Religion am richtigen Orte zu
suchen, um von hier aus das schriftliche Abbild des=
selben im richtigen Lichte zu sehen. Hier eröffnet sich
eine Fülle von Fragen, die sich bei dieser Fassung der
Sache nothwendig hervordrängen: über die Ent=
stehung des Kanons, über den Geist des Urchristen=
thums, über das Wesen der Religion, — Fragen,
welche seitdem nicht aufgehört haben, die Wissen=
schaft ernst und dauernd zu beschäftigen. Der Streit
zwischen Lessing und Göze wird gehemmt. Schon
im Juni 1778 treten öffentliche Gewalten dazwischen;
nicht umsonst hatte Göze mit dem Reichshofrath ge=
droht. Das Consistorium von Braunschweig wünscht
die Sache unterdrückt zu sehen, und das Ministerium
des Landes nimmt Lessing die Censurfreiheit, con=

fiscirt die Fragmente und verbietet die Fortsetzung des Streites. [1]

In dieser öffentlichen Bedrängniß, mit der häus= liche Sorgen sehr drückender Art zusammengehen, erwacht in Lessing mit aller Stärke der Gedanke an seinen Nathan, den er schon vor Jahren begonnen.

In der Nacht vom 10. zum 11. August 1778 faßt er den Entschluß, jetzt dieses Werk zu vollen= den. Im Anfang November ist der in Prosa ge= machte Entwurf in allen Theilen skizzirt; noch in demselben Monat beginnt die metrische Umbildung, wobei nicht bloß der äußere Umfang des Stücks weit über das Maß des Entwurfs ausgedehnt, son= dern auch im Einzelnen erst die Charaktere durch= geführt und lebendig gemacht werden. Im März 1779 ist die Dichtung in ihrer jetzigen Gestalt voll= endet. So erklärt sich der Zusammenhang zwischen dem Nathan und Antigöze sowohl zeitlich als sach=

---

[1] Ueber Reimarus' Gesammtwerk und dessen theologische Bedeutung vergl. D. Fr. Strauß' erschöpfende Schrift: „Herm. Sam. Reimarus und seine Schutzschrift für die vernünftigen Verehrer Gottes (1862)." Ueber das Verhältniß Lessings zu Reimarus und des Antigöze zum Nathan vergl. „Lessings Nathan der Weise. Ein Vortrag von D. Fr. Strauß (1864)."

lich). Wenn in dem Streit mit Göze die Frage hervortreten mußte: was ist das Wesen der Religion? was ist die Religion als die Voraussetzung alles Schriftglaubens? so will Lessing in seinem Nathan diese Frage dergestalt beantworten, daß er uns im Menschen die ächten und ursprünglichen Bedingungen der Religion in den lebendigsten und deutlichsten Formen darstellt, in Personen und Charakteren verkörpert, auf die er gleichsam mit dem Finger zeigend sagen kann: „das ist es, was ich meine!" Es scheint, als ob auf jenen äußern Druck, den er in seinem Streit mit Göze erfährt, sich der Bibliothekar plötzlich wieder in den dramatischen Dichter verwandelt: „Ich muß versuchen, ob man mich auf meiner alten Kanzel, dem Theater, ungestört will predigen lassen." So hat die Polemik den Nathan, diesen Sohn seines eintretenden Alters, wie Lessing selbst diese Dichtung nennt, entbinden helfen, aber sie hat ihn nicht erzeugt. Und alle Freunde Lessings, die in diesem Zusammenhange ein polemisches oder satirisches Drama erwarteten, sahen sich in dieser Befürchtung glücklicherweise getäuscht.

In einer Zeit, wo ihm das Dichten schon schwer fiel, würde Lessing seinen Nathan kaum in wenigen

Monaten vollendet haben, wenn nicht die Idee des Werks schon lange in ihm gelebt hätte. Auch die Emilia Galotti ist fünfzehn Jahre früher begonnen als ausgeführt. Wie Lessing seinem Bruder den Entschluß zum Nathan mittheilt, bemerkt er, es sey ein Schauspiel, das er „vor vielen Jahren" entworfen. Vielleicht geht der Entwurf zurück bis in die erste Periode seiner literarischen Thätigkeit, die Zeit in Wittenberg; wenigstens begegnen wir unter den Gegenständen, die ihn hier beschäftigen, einem der Idee des Nathan verwandten Thema. Eine jener „Rettungen" nämlich, die Lessing damals schrieb und die seine Geistesart, auch die sittliche, in so bezeichnender Weise kundgeben, betrifft einen als Mathematiker berühmten italienischen Philosophen des sechzehnten Jahrhunderts, Hieronymus Cardanus, der in seiner Schrift „de subtilitate" die vier Religionen der Welt, Heidenthum, Judenthum, Christenthum und Islam, mit einander verglichen und gegen einander abgewogen hatte in einem Gespräch, dessen Personen jede eine der vier Religionen repräsentirt und deren Sache gegen die andern vertheidigt. Man hatte dem Verfasser vorgeworfen, daß er in diesem Streit das Christenthum augenscheinlich vernachläſſigt und in Schatten geſtellt habe. Gegen dieſen Vorwurf will Leſſing ihn retten. Vielmehr treffe ihn mit größerem Recht der entgegengeſetzte Vorwurf, daß er die jüdiſche und mohammedaniſche Religion ſich bei weitem nicht gründlich genug habe vertheidigen laſſen; er hätte ſie mit beſſern Gründen ausrüſten können. Sollte Leſſing ihre Sache führen, ſo würde er den Juden und Mohammedaner ganz anders haben reden laſſen, und nun entwirft Leſſing ſelbſt in der Kürze ein Schema ihrer Vertheidigung. Dieſer Einfall oder, wenn ich ſo ſagen darf, dieſe Aufgabe hat etwas, das an unſere Dichtung erinnert. Die chriſtliche, jü= diſche, mohammedaniſche Religion erſcheinen in einem dialogiſchen Wetteifer, in dem ſie perſönlich ihre Sache führen und ſo führen ſollen, daß auch die nicht chriſtlichen Religionen zu ihrem Recht kommen. Warum hätte nicht ſchon damals der Gedanke in ihm auftauchen können, dieſes Thema dramatiſch zu behandeln? Von der dialogiſchen Form war es nicht weit zur dramatiſchen. Dieſe war ſeinem Talent geläufig, und das religiöſe In= tereſſe war ſeinem Geiſt ſtets gegenwärtig, ſchon als ein Erbtheil der väterlichen Erziehung. So

könnte es leicht seyn, daß der erste Gedanke zu der
Dichtung des Nathan fünfundzwanzig Jahre früher
ist als die letzte Ausführung. Freilich dürfte dieser
Gedanke nicht mehr gewesen seyn als eine Anregung.
Denn ich bin keineswegs der Ansicht, daß in dem
Lessing'schen Drama dasselbe Thema behandelt werde,
als in jenem Gespräch des Cardanus; hier werden
die Religionen repräsentirt, was sie in unserer
Dichtung nicht werden.

Zu dieser selbst bedurfte Lessing ein näheres und
lebendigeres Motiv, das er aus jenem Gespräch
des Cardanus nicht schöpfen konnte, sondern von
einem älteren Italiener empfing. Es ist mir wahr-
scheinlich, daß er auch dieses Motiv früh gekannt hat.

Im Anfange der wolfenbüttler Zeit war er
bereits mit dem Werke beschäftigt, Emilia Galotti
trat dazwischen; gleich nach seiner Rückkehr aus
Italien wollte er es vollenden, Amtsgeschäfte und
die Herausgabe der Fragmente zogen ihn ab. Endlich in dem Streit mit Göze kam der Zeitpunkt,
wo sich Lessing ganz gestimmt und ganz frei fühlte,
das so viele Jahre hindurch bedachte Werk zu vollenden. Diese Entstehung des Gedichts erklärt den
hohen Grad seiner Reife. Lessing war mit den

Gestalten seiner Dichtung innerlich lange vertraut,
er hatte im Stillen mit ihnen gelebt und konnte sie
jetzt leicht und sicher ausprägen. Seinem Nathan
gegenüber konnte ihm zu Muthe seyn, wie Goethen,
als er die Zueignung seines Faust schrieb: „Ihr
naht euch wieder, schwankende Gestalten, die früh
sich einst dem trüben Blick gezeigt!"

II.

Motiv und Idee.

Lessing und Boccaccio.

Das Werk ist aus einer Idee hervorgegangen
und will aus dieser in seinem ganzen Umfange er=
klärt seyn. Alle Charaktere des Stücks haben zu
dieser Idee ein bestimmtes Verhältniß, sie haben
genau so viel Licht als sie diese Idee in sich dar=
stellen, und so viel Schatten, als sie nicht davon
durchdrungen werden. Unter diesem Gesichtspunkte
werde ich hier die Charaktere betrachten.

In dem Stücke selbst ist diese Idee ausgespro=
chen in der sinnbildlichen Form einer Fabel: es ist die
Erzählung Nathans von den drei Ringen,

die Lessing mit künstlerischer Absicht auch in Rück=
sicht des äußeren Umfangs in den Mittelpunkt des
Ganzen gestellt hat. Er hat diese Fabel bekannt=
lich nicht erfunden, sondern aus der Novellensamm=
lung des Boccaccio geschöpft; die ursprüngliche Quelle
ist noch älter. Die dritte Geschichte des ersten Tages
im Dekamerone enthält das nächste Motiv zu un=
serer Dichtung.

Es ist zum Verständniß eines poetischen Kunst=
werks sehr lehrreich, wenn man es vergleichen kann
mit dem Stoff, den der Dichter zu seinem Werke
vorgefunden, denn die Differenz zwischen dem, was
ihm gegeben war, und dem, was er daraus gemacht
hat, gibt genau das Maß seiner Originalität.
Vergleichen wir also in dieser Rücksicht Lessing mit
Boccaccio.

Die Geschichte im Dekamerone ist in der Kürze
folgende. Saladins Schatz ist erschöpft, er braucht
große Geldsummen und weiß nicht, woher sie nehmen.
Da fällt ihm ein, daß in Alexandrien ein Jude
Melchisedek lebt, eben so reich als geizig und wuche=

---

¹ Ueber die verschiedenen Formen dieser Fabel vor Boccaccio
vergl. „Das geistliche Schauspiel. Geschichtliche Uebersicht von
Karl Hase (1858)“ S. 250 ff.

risch. Er läßt den Juden kommen, und will ihn
durch eine Frage verfänglicher Art in seine Ge=
walt bringen: der Jude soll dem Sultan sagen,
welches der drei Gesetze er für das wahre halte,
das jüdische, christliche oder saracenische. Wie er auch
antwortet, so scheint er in dem Netz gefangen, das
ihm der Sultan legt. Sagt er, das jüdische Ge=
setz sey das allein wahre, so hat er an dem Glauben
des Sultans gefrevelt, nennt er ein anderes, so
hat er den eigenen Glauben verleugnet und keinen
Grund mehr, ihn zu behalten. Der Jude besinnt
sich schnell und antwortet mit der Fabel von den
drei Ringen. Ein reicher Mann besitzt unter an=
dern Schätzen ein großes Juwel, einen kostbaren
Ring, den er vor allem hochhält und als den eigent=
lichen Familienschatz sorgfältig bewahrt. Wer die=
sen Ring besitzt, ist der Herr und Erbe des Hauses.
So erbt der Ring von Geschlecht auf Geschlecht
und kommt endlich in die Hand eines Mannes, der
drei Söhne hat. Alle drei sind gleich gut und
darum von ihrem Vater gleich geliebt. Jeder
wünscht den Ring zu erben, jeder bittet den Vater
darum, und um keinen vorzuziehen, läßt dieser
zwei andere Ringe machen, die dem ersten voll=

kommen gleichen, so daß er selbst den ächten Ring nicht mehr zu unterscheiden weiß. Heimlich gibt er jedem seiner Söhne einen der Ringe. Nach dem Tode des Vaters meldet sich jeder zur Erbschaft, denn jeder hält sich für den Besitzer des ächten Ringes und jeder will der Herr des Hauses seyn. Es kommt zum Streit. Aber niemand weiß den ächten Ring zu erkennen. So bleibt der Streit unentschieden. Jeder der Söhne beharrt dabei, sein Ring sey der ächte; jedes der drei Völker beharrt dabei, seine Religion sey die wahre, und die Frage ist bis heute nicht gelöst.

So weit die Erzählung Melchisedeks. Wir erkennen deutlich die Grundzüge zur Erzählung Nathans. Doch ist in einem Punkte eine sehr bedeutsame Differenz zwischen dem deutschen Dichter und dem italienischen: bei dem letztern ist der Ring nichts weiter als ein Schatz, er berechtigt zu nichts anderem als zur Erbschaft und zur Herrschaft des Hauses; bei Lessing dagegen hat er außerdem noch eine höhere Bedeutung: „er hat die Wunderkraft, beliebt zu machen, vor Gott und Menschen angenehm, wer in dieser Zuversicht ihn trägt."

Hier hat der Ring eine herzgewinnende, darum auch eine herzveredelnde Kraft, denn diese ist die Bedingung zu jener. Liebe erntet man nur, wenn man sie sät. Sollte es jetzt nicht möglich seyn, den ächten Ring zu erkennen und den Streit zu entscheiden? Wer die meiste Liebe empfängt, weil er die meiste gegeben, der besitzt unzweifelhaft den ächten Ring. Aber alle drei streiten. Jeder hält sich für den Begünstigten, die andern für Betrüger. Sie hassen sich gegenseitig. So lange dieser Streit dauert, der gehässige, unduldsame, selbstsüchtige, ist der Schatz der Liebe bei keinem, so lange bleibt der ächte Ring im Verborgenen, so lange sind die vorgehaltenen Ringe alle drei nicht ächt!

Und wie, wenn der ächte Ring sich äußert? Wenn seine Kraft zu wirken beginnt? So ist Einer der Geliebteste, also muß er sich die Liebe erworben, die Herzen der andern bezwungen haben. Wird er es können, so lange er nur sich liebt, seinen eigenen Werth dünkelhaft überschätzt? Wird er es können, wenn er nicht sich selbst innerlich demüthigt, die eitle Selbstverblendung durchschaut, die dünkelhaften Scheinwerthe fallen läßt, durch Selbstverleugnung sein Herz läutert, so läutert, daß auch

in dem verborgensten Winkel desselben keine heim=
liche Stimme mehr flüstert, indem er selbstgefällig
auf den andern hinschielt: „ich danke dir Gott, daß
ich nicht bin wie dieser!" Und ist Einer der Gelieb=
teste, so ist die Liebe und darum die Herzens=
läuterung auch bei den andern. Werden sie jetzt
noch mit einander streiten? Werden sie sich noch
hassen? Nicht vielmehr jeder in dem Grabe, als er
sich selbst zu verleugnen die Kraft hat, den andern
lieben, seine Weise verstehen und darum dulden?
Es gibt eine Duldung, welche die Welt täglich em=
pfiehlt, welche die meisten auch wirklich üben und
sich wohlgefällig als Tugend anrechnen. Ist sie eine
Tugend — d i e s e Duldung — so gehört sie wenig=
stens zu d e n Tugenden, vor welche die Götter den
Schweiß nicht gesetzt haben! Denn sie ist das Leich=
teste der Welt. Man braucht zu dieser Duldung
nur stumpf, nur gleichgültig zu seyn gegen den
Glauben der Menschen. Ist dieser Glaube einmal
in jenen Haufen geworfen, den man mit einem wohl=
thuenden Collectivum „das dumme Zeug" nennt,
so ist es leicht, sich nicht darum zu kümmern, dop=
pelt leicht, weil man zugleich seinem Verstande da=
mit eine große Mühe erspart. Ich weiß nicht,

ob diese sogenannte Toleranz besser ist als ihr Gegen=
theil, bequemer ist sie gewiß, und eben so gewiß
ist sie die ächte Toleranz nicht. Diese duldet den
Glauben und die Weise des andern nicht aus Gleich=
gültigkeit, sondern aus Einsicht, aus ächter Menschen=
kenntniß, aus dem Interesse, welches Leibniz sehr
schön die Liebe genannt hat, welche der Weisheit
conform ist.

Zu dieser Herzensläuterung erhebt sich der Mensch
— um es mit Lessings Worten zu sagen — „wenn
er der Kraft des Rings zu Hülfe kömmt mit Sanft=
muth, mit herzlicher Verträglichkeit, mit Wohlthun,
mit innigster Ergebenheit in Gott."

Und nun, wie steht es jetzt um die Sache? So
lange der Streit dauert, ist er nicht zu entscheiden,
denn mit dem Streit ist Dünkel und Haß, Selbst=
sucht und Hochmuth verbunden, und mit diesen Eigen=
schaften ist kein Ring der ächte. So lange also
der Streit dauert, ist er nicht zu entschei=
den, und sobald er entschieden werden
kann, ist kein Streit mehr. Die Sache hat
sich selbst gerichtet. Es ist nicht der Ring, auf den
es ankommt, sondern das Herz, die Lauterkeit der
Gesinnung, die der Weisheit conforme Liebe; es ist

die Selbstüberwindung, die darum weise ist, weil
sie weise macht:

>Und wenn sich dann der Steine Kräfte
>Bei euern Kindes-Kindeskindern äußern:
>So lad ich über tausend tausend Jahre
>Sie wiederum vor diesen Stuhl, da wird
>Ein weis'rer Mann auf diesem Stuhle sitzen,
>Als ich, und sprechen. Geht! — So sagte der
>Bescheidne Richter.

III.

Aufgabe und Inhalt der Handlung.

Diese Idee bestimmt die Aufgabe und das Thema
des Stücks. Was in der Fabel erscheint wie am
Ziele der Zeiten, die Wiedervereinigung der Mensch=
heit, nachdem sie geläutert aus ihren Religionen
hervorgegangen, will die Dichtung gleichsam vor=
wegnehmen und uns vergegenwärtigen in dem kleinen
Umfange einer Familie, in welcher geläuterte Cha=
raktere der drei einander feindlichen Religionen sich
nach langer Trennung zusammenfinden. Es mußte
also eine Geschichte erfunden werden, die eine solche
Vereinigung von Jude, Christ und Muselmann her=

beiführt. Diese Geschichte ist, wie sich Lessing aus=
drückt, „die interessante Episode", die er zu der
Fabel von den drei Ringen ersonnen.

Die Größe der moralischen Kraft mißt sich durch
die Größe des Widerstandes, den sie findet und
besiegt. In einer Zeit, wo die Welt vom Glaubens=
haß lebt und Völkerkriege führt um des Glaubens
willen, kann die ächte Duldung, die lautere, auf
Selbstverläugnung gegründete Menschenliebe am
ehesten, weil am schwersten, erprobt werden, und
sie wird gerade in solchen Zeiten sich in einzelnen
seltenen Charakteren erzeugen. Es trifft sich darum
gut, daß den Schauplatz unserer Geschichte die
Kreuzzüge bilden, und zwar in einem für den
Zweck der Dichtung doppelt günstigen Zeitpunkt.
Wenn die Glaubensleidenschaften mit ungewöhnlicher
Heftigkeit angespannt werden, so ist es eine natür=
liche und nie ausbleibende Folge, daß sie erschlaf=
fen und an die Stelle der erregtesten Unduldsamkeit
allmählich jene bequeme Duldung tritt, welche die
Glaubensverschiedenheiten anfängt zu neutralisiren.
Auch dieser gegenüber hat sich die ächte Duldung
zu erproben. Um die Zeit des vierten Kreuzzugs
gibt es schon einige bedeutsame Zeichen, daß mit den

Glaubensleidenschaften auch die Glaubensinteressen abnehmen und die Unterschiede der Religionen in einigen Fällen kaum mehr ein entscheidendes Gewicht haben. Ein Templer geht zu Saladin über, ein christlicher König schlägt einen Muselmann, der ein Vetter des Sultans ist, zum Ritter, selbst eine Verschwägerung ist im Werke zwischen Saladin und Richard Löwenherz. Es ist die Zeit, in welcher auf der mohammedanischen und jüdischen Seite die Bildung so hoch steht, daß ihre Philosophen die Lehrer der christlichen Theologen in Rücksicht des Aristoteles werden können und die christliche Bildung sehr bald diesem Einflusse nachgibt und gehorcht.

Ueberhaupt bilden und erzeugen die Kreuzzüge eine große Krisis in der Glaubensverfassung der christlichen Welt. Sie wirken auf die religiösen Leidenschaften entzündend, abstumpfend, reinigend. Ihre Hauptwirkung steht mit ihrem Hauptmotiv in einem sehr bemerkbaren Widerstreit. Aus sinnlicher Glaubensschnsucht sind sie hervorgegangen, und nachdem sie diese Sehnsucht gestillt, mußten sie in einer jener großen und fruchtbaren Enttäuschungen enden, die man nie zu theuer erkauft, weil sie uns innerlich bereichern. Der Gegensatz selbst zwischen

der Sehnsucht jenes Zeitalters und ihrer Erfüllung
läßt sich mit einem einfachen Worte erleuchten: was
die Kreuzfahrer gesucht haben, um es zu erobern,
war das Grab Christi, und was sie gefunden,
erobert und wieder verloren haben, war — ein
Grab! Sie haben von Neuem die Entdeckung gemacht, daß das Grab leer ist, und so mußte sich
durch die Erfahrung dieser Zeiten von neuem in
der christlichen Welt das Wort vom Samariter-
brunnen erfüllen: „Gott ist ein Geist und die ihn
anbeten, müssen ihn im Geist und in der Wahrheit anbeten." Man kann von dieser großen Tragödie
sagen, daß sie den Glauben durch die Leidenschaften
gereinigt habe und in diesem Sinn, um einen Ausdruck des Aristoteles zu gebrauchen, eine wirkliche
Katharsis war.

Durch seine Quelle selbst fand sich Lessing hin-
gewiesen auf die Zeit und Person Saladins, der
gegen das Ende des zwölften Jahrhunderts, in den
Jahren 1187—1193 Herr von Jerusalem war.
Uebrigens ist das Stück in Betreff der Zeitverhält-
nisse keineswegs historisch und will es nicht sein;
die chronologischen Widersprüche, die darin vorkom-
men und die Lessing zu vermeiden gar nicht die Ab-

ſicht hatte, erlauben nicht, das Jahr der Handlung genau zu beſtimmen. [1]

Die Familiengeſchichte, die Leſſing zu der Fabel von den drei Ringen erfindet, ſpielt in dem Hauſe Saladins ſelbſt. Ein jüngerer Bruder des Sultans, mit Namen Aſſad, hat vor Jahren ſeine Familie und ſeinen Glauben verlaſſen; aus Liebe zu einer Chriſtin iſt er ſelbſt heimlich Chriſt geworden und hat in Deutſchland, dem Vaterlande ſeiner Frau, unter dem Namen Wolf von Filneck einige Jahre gelebt. Das rauhe Klima vertreibt ihn und beide kehren in das Morgenland zurück; Aſſad nimmt an den Kämpfen der chriſtlichen Ritter Theil, ver-

[1] Das Stück ſetzt voraus, daß der Waffenſtillſtand zwiſchen Saladin und Richard Löwenherz vor Kurzem abgelaufen iſt, dann würde die Handlung gegen Ende des Jahres 1192 ſtatt- finden; aber zu dieſer Zeit war Philipp Auguſt von Frank- reich nicht mehr in Paläſtina anweſend, was nach dem Briefe des Patriarchen der Fall ſein müßte. Dieſes Datum paßt nur auf das vorhergehende Jahr. Auch muß Daja offenbar viel längere Zeit im Hauſe Nathans gelebt haben, als ſich nach den Zeitangaben des Stücks berechnen läßt; nach dieſen würde ſie erſt 1189 nach Paläſtina und wohl erſt nach dem Tode ihres Mannes, der mit Kaiſer Friedrich ertrinkt, alſo um die Mitte des Jahres 1190 in das Haus Nathans ge- kommen ſeyn.

theidigt mit ihnen Gaza und fällt bei Ascalon.
Er hat in Deutschland einen Sohn zurückgelassen,
den sein mütterlicher Oheim Conrad von Staufen,
ein Tempelherr, erzieht, und in Palästina eine
Tochter, die er nach dem Tode seiner Frau einem
seiner vertrautesten Freunde übergibt, eben damals,
als er sich nach Gaza werfen mußte, und die nach
dem Tode ihres Vaters diesem Freunde als Pflege-
kind zurückbleibt. Dieser Freund Assads, dieser
Pflegevater Rechas ist der Jude Nathan in Jerusalem. So wachsen die Geschwister fern von einander auf, der Bruder in Deutschland bei einem Tempelherrn, die Schwester in Jerusalem bei einem Juden. Beide wissen nichts von einander, nichts von
ihrer Abkunft. In der Person Assads kreuzen sich
schon die drei Religionen; er ist Muselmann von
Geburt und Christ geworden, er ist der Bruder
Saladins, der Mann einer Christin, der Freund
eines Juden. Die Geschwister zusammenzuführen
und mit Saladin und Nathan zu einer Familie
zu vereinigen, ist das Ziel, worauf Lessing die von
ihm erfundene Geschichte anlegt. Er läßt den Bruder als Tempelherrn nach Palästina kommen, gegen
Saladin kämpfen, gefangen und in dem Augenblick

der Hinrichtung von dem Sultan begnadigt werden, weil diesen in den Gesichtszügen des Tempelherrn eine plötzlich entdeckte Aehnlichkeit mit dem verlornen Bruder ergreift und rührt. Ein Zufall führt den Tempelherrn vorbei, als Nathans Haus in Feuer steht und Recha schon in der äußersten Gefahr schwebt zu verbrennen. Der Tempelherr rettet das Mädchen, aber allen Bitten, ihren Dank sich ge= fallen zu lassen, bleibt er verschlossen und hart weist er jedes Ansinnen dieser Art zurück. Seine Judenverachtung ist ebenso entschieden als seine Todesverachtung. Doch wie er endlich, von Na= than gewonnen, das Mädchen sieht, das er gerettet, so entzündet der erste Anblick in seinem Herzen eine unwiderstehliche Leidenschaft für Recha. Einen Augen= blick könnte man fürchten, daß sich jetzt der Templer und die Jüdin in Scene setzen. Aber Nathan hat schon dieselbe Aehnlichkeit entdeckt, welche den Sul= tan betroffen gemacht hat; er ahnt den Zusammen= hang, vorsichtig lehnt er die ungestüme Bewerbung des Tempelherrn ab, sorgfältig forscht er seiner Ab= kunft nach, und es gelingt seiner Besonnenheit, den Knoten glücklich zu lösen.

Dieß ist in kurzen Zügen die Geschichte, die

Lessing für seinen Zweck erfindet. Und diese Seite
der Composition ist es, wo unleugbar unsere Dich=
tung leidet. Welcher Unterschied in dieser Rücksicht
zwischen der Emilia Galotti und Nathan dem Wei=
sen! Wie straff ist dort der dramatische Faden ge=
spannt, wie sicher und unaufhaltsam verläuft der
natürliche Fluß der Begebenheiten, wie ist jeder
Zug wahrhaft dramatisch motivirt! Dagegen hier,
wie lose und künstlich sind die einzelnen Fäden ver=
knüpft, die sich in das Gewebe der Handlung ver=
schlingen! Die Begebenheiten hängen mit den
Charakteren nicht immer genau und unter einander
oft nur episodisch zusammen.

Es gibt für den dramatischen Dichter kaum et=
was, das weniger charakteristisch ist, als die Aehn=
lichkeit zweier Gesichter, die durch keine Art der
Handlung, durch kein poetisches Mittel einleuchtend
gemacht werden kann. Das wußte der Verfasser
des Laokoon sehr wohl. Und doch benutzt er dieses
Motiv in seinem Nathan zweimal, nicht als ein
beiläufiges, sondern als ein wirksames und ent=
scheidendes Moment. Ein Glück, daß der Tempel=
herr seinem Vater so ähnlich sieht! Ein Glück,
daß der Sultan noch im letzten Augenblick diese

Aehnlichkeit erkennt, sonst war der Tempelherr ver=
loren und Recha wäre verbrannt! Ein Glück, daß
Nathan bei Zeiten dieselbe Aehnlichkeit entdeckt,
sonst hätte nicht bloß der Templer die Jüdin, son=
dern der Bruder die Schwester frischweg zum Weibe
genommen! So hängt an den Gesichtszügen des
Tempelherrn zuletzt die ganze Geschichte; so ober=
flächlich im buchstäblichen Sinne des Wortes dürfen
dramatische Motive nicht seyn. Dieser Zusammen=
hang zwischen der Gesichtsbildung des Tempelherrn,
der Begnadigung Saladins, der Rettung Rechas
ist gewiß sehr geeignet, um hier eine Reihe natür=
licher Begebenheiten im Lichte einer wunderbaren
Fügung erscheinen zu lassen und darin die Wege
der göttlichen Vorsehung zu bewundern; nur schade,
daß die Kunst des dramatischen Dichters in der
Verkettung der Begebenheiten, die sie bildet, nicht
denselben Glauben beanspruchen darf, als die Vor=
sehung Gottes.

Wäre Lessings Nathan nichts als ein Familien=
drama, wäre diese Familiengeschichte die Hauptsache
der Dichtung, so wäre die Composition an mehr
als einer Stelle verfehlt. Aber die Geschichte ist
hier nur Mittel, welches Lessing im Dienste seiner

Idee braucht, und daß er behandelt, wie diese Idee
es fordert, auf die Gefahr hin, daß selbst wider=
sprechende Züge in der Geschichte zum Vorschein
kommen. Ich will mich an einem Beispiele deut=
lich machen. Für die Idee des Stücks, für die
Entwicklung der Charaktere, namentlich für die des
Hauptcharakters sind unter andern Zügen diese
beiden durchaus erforderlich: der Engelglaube Rechas
und die Schroffheit, womit der Tempelherr die
Jüdin zurückweist. Aber wie soll ich diese beiden
Züge mit einander vereinigen? Ich lasse mir
den Engelglauben Rechas gefallen, wenn der Tem=
pelherr, der sie rettet, plötzlich erscheint und plötz=
lich verschwindet. Aber er kommt wieder. Recha
sieht ihn eine Zeitlang täglich unter den Palmen
des Grabes, sie erfährt, wie schnöde er ihre Botin
mehr als einmal behandelt, und nun möchte es
schwer und mehr als Schwärmerei sein, nach solchen
Beweisen der Menschlichkeit den weißen Mantel noch
für einen Fittich zu halten! Diese beiden Züge
fließen nicht von selbst aus der Geschichte, sondern
diese muß sie hinnehmen und sich gefallen lassen,
weil die Idee sie fordert. Nathan wird Rechas
Wunderglauben berichtigen und läutern; das reli=

giös erziehende Gespräch, das diese Läuterung be=
zweckt, ist für die Auseinandersetzung beider Charak=
tere durchaus bedeutsam und für die Idee der Dich=
tung durchaus unentbehrlich. Und eben so unent=
behrlich ist diesem Gespräch die Hinweisung auf
Rechas eigene so wunderbar gefügte Rettung, die
ihr Nathan mit dem Worte vorhält:

> — — — — — — eine Linie,
> Ein Bug, ein Winkel, eine Falt', ein Mal,
> Ein Nichts, auf eines wilden Europäers
> Gesicht: — und du entkommst dem Feu'r, in Asien!
> Das wär' kein Wunder, wundersücht'ges Volk?

Darum mußte jener Zusammenhang der Begeben=
heiten, in dem Rechas Rettung geschieht, so gewebt
seyn, daß die göttliche Vorsehung durchscheint. Les=
sing brauchte ein solches Wunder für den religiösen
Zweck seiner Dichtung, um es in jenem Gespräch
so wirksam zu verwerthen; aber ich glaube schwer=
lich, daß er es in seiner Dramaturgie empfohlen
haben würde.

Sollte ich die Charaktere des Stücks lediglich
nach der Handlung desselben beurtheilen, so würde
ich es der Menschenkenntniß Nathans vorwerfen,

daß er eine Daja ins Haus nimmt, und der Welt=
klugheit des Patriarchen, daß er den Klosterbruder
zu seinem Spion braucht.

Nicht die Handlung, sondern die Idee ist im
Nathan die Hauptsache. Nicht aus jener, sondern
aus dieser wollen die Charaktere des Stücks erklärt
seyn. Freilich soll im eigentlichen Drama die Hand=
lung oder, wie Aristoteles gesagt hatte, der Mythus
die Hauptsache ausmachen. Lessing war in diesem
Punkte auch ganz einverstanden mit Aristoteles. Er
kannte diesen Mangel seiner Dichtung sehr gut und
bezeichnete deßhalb den Nathan auch nicht als eigent=
liches Drama, als Schauspiel, sondern als „ein
dramatisches Gedicht" und die Begebenheit als
„Episode."

IV.

Gesichtspunkt zur Beurtheilung der Charaktere.

Es ist richtig, daß die Charaktere im Nathan
religiös motivirt sind und von dem idealen Mittel=
punkt des Stücks, den wir kennen gelernt haben,
ihr Licht empfangen. Indessen finde ich hier die

über das Stück verbreiteten Vorstellungen nach zwei
Richtungen im Unklaren.

Einmal heißt es, Lessing habe in den Personen
seiner Dichtung die drei Religionen darstellen wollen,
er habe im Patriarchen, der Daja, dem Tempelherrn und dem Klosterbruder das Christenthum,
im Nathan das Judenthum, in Saladin, Sittah
und Al-Hafi den Islam personificirt. Schon aus
äußeren Gründen würde diese Rechnung nicht stimmen.
Wo bleibt Recha? Und Al-Hafi mit seiner Vorliebe
für die Parsen, mit seiner Sehnsucht nach den
Lehrern am Ganges ist schwerlich ein reiner Typus
des Islam. Noch weniger stimmt die Rechnung
aus inneren Gründen, wie ich später im Einzelnen
zeigen werde. Es ist nicht daran zu denken, daß
uns Lessing Exemplare der drei Religionen vor-
führen wollte. Und damit fällt von selbst ein Vorwurf, den man ihm oft gemacht hat, jenem Vor-
wurfe ähnlich, wogegen er selbst Cardanus hatte
retten wollen: daß er das Christenthum augenscheinlich vernachlässigt und herabgesetzt habe, denn der
schlechteste Charakter des Stücks repräsentire die
christliche, und der beste die jüdische Seite. So
könnte die Dichtung erscheinen auf den ersten flüch-

tigen Blick, der nur auf der Oberfläche hingleitet.
Und ebenso verfehlt ist die Ansicht, Lessing habe in
seinem Nathan die aufgeklärten Religionsbegriffe,
etwa die deistischen gegen die orthodoxen verthei=
digen und rechtfertigen wollen, so daß am Ende
der Nathan nichts weiter ist, als in dramatischer
Form, was das Werk des Reimarus in kritischer
war: eine Schutzschrift für die vernünftigen Verehrer
Gottes. Es handelt sich in diesem Gedicht über=
haupt nicht um bestimmte Religionssätze, um theo=
logische Lehrbegriffe. Recha sagt: „so viel tröstender
war mir der Glaube, daß Ergebenheit in Gott
von unserem Wähnen über Gott so ganz und gar
nicht abhängt.“

Das Thema, welches die Charaktere unserer
Dichtung bewegt, liegt bei weitem tiefer; es ist
genau dasselbe, als Lessing in der Erzählung von
den drei Ringen veranschaulichen wollte: der Unter=
schied des Aechten und Unächten in der Religion
überhaupt. Der ächte Grundzug der Religion ist
die Selbstverleugnung, die uns von der Selbst=
sucht, von dem Drucke der Leidenschaften, darum
auch von dem Drucke der Welt frei macht und un=
sern Verstand in demselben Grade läutert, als sie

das Herz reinigt, deren reifste Frucht die auf wirk=
liche Menschenkenntniß gegründete Liebe ist. Hier
ist der Zug, der das Aechte im Menschen vom Un=
ächten scheidet, die Seele über die Scheinwerthe
der Welt erhebt, die wahre und lautere Seelen=
größe bildet. Warum sollte man eine solche Läu=
terung nicht geistige Wiedergeburt nennen?

Bevor sich aber das Aechte völlig vom Unächten
scheidet, bevor die Seelengröße fleckenlos in ihrer
vollen Entfaltung erscheint: wie mannigfaltig zeigt
sich in so vielen sittlichen Abstufungen das Aechte
mit dem Unächten, das Wahre mit dem Falschen,
die Selbstverleugnung mit den Scheinwerthen der
Einbildung und Leidenschaften gemischt! Bald von
dieser, bald von jener Seite fällt ein Schatten in
das Licht der Seele und verdunkelt wieder und
hemmt das lautere Streben. Hier ließe sich eine
Reihe Charaktere der verschiedensten Art vorstellen,
in denen sich das Aechte immer reiner und leuch=
tender aus dem Unächten hervorarbeitet bis zu dem
Höhepunkt seiner wirklichen Reife. Vielleicht, daß
wir unter diesem Gesichtspunkte die Charaktere un=
serer Dichtung besser erkennen, als wenn wir sie
nach Religionen abtheilen.

V.

Der Patriarch.

In einer solchen Reihe von Charakteren wird offenbar auch das vollkommene Gegentheil des ächt Religiösen nicht fehlen dürfen, denn durch den Contrast hebt sich das Aechte selbst deutlicher hervor, das Wahre erhellt zugleich sich und sein Gegentheil und wird selbst durch die Unwahrheit des letzteren erleuchtet. Einen Charakter braucht unsere Dichtung, der im Gegensatz zu allen übrigen nicht eine Spur des Aechten in sich trägt, der ein vollkommenes Abbild ist des unächt Religiösen und nichts weiter als ein solches nach der Natur getroffenes Abbild.

Statt der Selbstverleugnung die Selbstsucht in der ganzen Breite ihrer Begierden, nicht etwa im Gegensatz zum Glauben, sondern mit diesem verbunden, unter dem Scheine desselben: der Egoismus, dem der Glaube zum Werkzeug dient, der Glaubensegoismus mit seinem Dünkel und Hochmuth. Es gibt eine Form der schnödesten Selbstsucht, die den äußern Schein der Religion

annimmt, mit dem vollen Bewußtseyn der Maske:
das ist die religiöse Heuchelei, deren Typus der
Tartüffe ist. Hier ist wenigstens der Egoismus
über sich selbst nicht im Unklaren, die Religion erscheint hier in ihrer äußersten Verkehrung, herabgewürdigt zu einem bloßen Mittel menschlicher Selbstsucht, mit Bewußtseyn, mit raffinirter Absicht dazu
herabgewürdigt. Aber es gibt eine Stufe, die noch
unter dem Tartüffe ist: wenn sich der Egoist in
allem Ernst für einen Mann Gottes hält und seine
Zwecke für die gottwohlgefälligen, wenn der Glaube
nicht Maske, sondern gleichsam der Panzer ist, in
welchem der Egoismus wie in einer Festung wohnt,
sicher, behaglich, kugelfest, selbst der Entlarvung
unerreichbar, vor welcher der bewußte Heuchler
immer auf der Hut und in der Angst ist. Der
Egoismus ist der Kern, die Religion ist die Schaale;
beide sind hier zusammengewachsen, und soll diese
unnatürliche Verbindung noch Heuchelei genannt
werden, so ist sie naive Heuchelei, ein Glau-
benszustand, der die Selbsterkenntniß völlig verdunkelt und die schlimmste Art der Selbsttäuschung
schützt und begünstigt. Leute von solcher Verfassung
reden nicht bloß unwahr, sie sind unwahr, und

das ist bei weitem das Schlimmste. Hier ist das unächt Religiöse ohne einen Funken des ächten.

Der Typus dieser Form ist der Patriarch im lessing'schen Nathan: im Innersten herzlos bis zur Unmenschlichkeit und gegen alle Empfindungen der Menschenliebe und Großmuth in einem Grade verhärtet, daß er vollkommen unfähig ist, sie zu verstehen oder gar von ihnen ergriffen zu werden. Er lebt unter dem großmüthigen Schutze Saladins, wenigstens so nimmt ihn der Dichter, er hat dem Sultan gegenüber die Miene der Unterwürfigkeit, aber heimlich sinnt er ihm Verrath und Meuchel= mord. Er weiß, daß Saladin dem gefangenen Tempelherrn Leben und Freiheit geschenkt, aber nach des Patriarchen Absicht soll der Tempelherr eben diese Freiheit benützen, um an Saladin zum Spion und Mörder zu werden. Denn Bubenstück vor Menschen ist nicht auch Bubenstück vor Gott. Er hört von einem Christenkinde, das ein Jude auf= gezogen, als ob es sein Kind wäre; das Kind war eine Waise, der Jude ist ihm der liebevollste Vater geworden; aber in dieser rührenden Begebenheit sieht der Patriarch nichts als einen Seelenraub, eine Verführung zur Apostasie, eine Rettung zum ewigen

Verderben; es wäre in seinen Augen besser gewesen, der Jude hätte das Kind im Elend umkommen lassen. Taub gegen jeden rührenden Zug der Menschenliebe und Barmherzigkeit bleibt er bei seinem Spruch: „thut nichts, der Jude wird verbrannt!"

Dabei regt sich in seiner Seele auch nicht von fern ein leises Gefühl der Menschlichkeit, das er etwa nothgedrungen dem strengen Gesetz seiner Kirche opfern müßte. Es wäre darin doch eine Art Selbstverleugnung. Nein, er fühlt nur seine Macht, seine Würde, die ihm wohl thut, und ebenso wohl thut es ihm zu verdammen. Er sagt und wiederholt seinen Verdammungsspruch ungerührt, wie ein Automat, den nur das Triebwerk der Kirche in Bewegung setzt, und als solcher möchte er erscheinen, als solcher erscheint er sich selbst: „mich treibt der Eifer Gottes lediglich. Was ich zu viel thu', thu' ich ihm!"

Wäre er in der That dieses blinde Werkzeug, so möchte die blinde Unterwerfung noch ein Zeichen jener Selbstverleugnung seyn, welche die Kirche groß gemacht hat. Von dieser Selbstverleugnung ist nichts in ihm, weder von ihrer Demuth noch von ihrem

Stolz. Seine persönlichen Interessen sind ihm die
Hauptsache, für diese ist er fortwährend besorgt und
im Stillen auf der Lauer mit jener unheimlichen,
spionirenden Neugierde, die ein constanter Zug
pfäffischer Herrschsucht ist und sich überhaupt bei
solchen Charakteren einfindet, welche die Sucht haben,
zu profitiren. Wer vor allem seinen Nutzen bedenkt,
spähend, ob nicht irgendwo irgendwas für ihn ab=
fällt, der kümmert sich um alles, sucht seinen Profit
bei jeder Gelegenheit, und verlegt sich darum noth=
wendig auf das Ausspüren der Dinge, damit er ja
nichts versäume. Schon dieß allein macht im wider=
lichen Sinne des Worts neugierig. In der guten
Stadt Jerusalem geschieht nichts, das diesem Patri=
archen lange verborgen bleibt. Halb verwundert,
halb ironisch sagt der Klosterbruder:

> Ich hab' mich oft gewundert,
> Wie doch ein Heiliger, der sonst so ganz
> Im Himmel lebt, zugleich so unterrichtet
> Von Dingen dieser Welt zu seyn herab
> Sich lassen kann. Es muß ihm sauer werden.

So hat er, wie sich der Klosterbruder sehr bezeich=
nend ausdrückt, die Veste „ausgegattert," wo der
Vater Saladins die Schätze hütet; so möchte er um

jeden Preis wissen, warum der Sultan den Tempelherrn begnadigt; und die Geschichte vom Christenkinde im Hause des Juden ist ihm ein Problem,
dem er tiefer auf die Spur zu kommen suchen muß.

Er haßt den Sultan, dessen Herrschaft ihm
natürlich so angenehm nicht ist, als die eines gläu-
bigen Königs, und er sucht durch Verrath und
Meuchelmord diese Herrschaft los zu werden. Das
aber hindert ihn nicht, bei dem Sultan Schutz zu
suchen gegen den Juden, der ein Christenkind in
seinem, vielleicht in keinem Glauben erzogen. Er
wird dem Sultan leicht begreiflich machen, wie nütz-
lich das Glauben für den Staat, und wie gefährlich das Gegentheil ist. So gilt ihm selbst der
Glaube als ein Mittel zur Macht, als ein Werkzeug der Herrschsucht, als ein williges; und er selbst
ist zuletzt nichts als ein solcher williger Diener, der
sich der Macht beugt, gleichviel welcher, die ihm
gefährlich werden könnte, sich ihr beugt, wenn sie
ihm auch noch so verhaßt ist.

Kaum hat er gehört, daß der Tempelherr zu
Saladin gerufen ist, so ändert er den Ton. Und
überaus charakteristisch ist, was Lessing ihn sagen
läßt:

O, oh! — Ich weiß, der Herr hat Gnade funden
Vor Saladin! — Ich bitte meiner nur
Im besten bei ihm eingedenk zu seyn.

Man sieht, er würde kriechen, wenn der Sultan
vor ihm stände.

Dieser Patriarch hat nicht die mindeste Anlage
zu einem Märtyrer. Er wird sich wohl hüten, sich
jemals preiszugeben. Auch seine Unduldsamkeit und
sein Fanatismus reichen nur so weit als seine Selbst=
sucht. Er fühlt sich höchst ehrwürdig und höchst
behaglich in seinem Pomp, wie er daherkommt von
einer Krankenkommunion; man sollte ihn erst sehen
nach Hofe sich erheben. Und wie er selbst grund=
zufrieden ist mit seinem Daseyn, so ist dieser Zug
der Selbstzufriedenheit in seinem Gesichte stehen ge=
blieben als freundliches Grinsen. Er hat sich den
Glauben wohl bekommen lassen, und wir brauchen
zu seiner Charakteristik eigentlich nur die paar Worte:
„der dicke, rothe, freundliche Prälat!"

Aber man suche solche Charaktere, wie der Pa=
triarch einer ist, nicht bloß bei den Prälaten, wo
die Auslese nicht klein seyn mag, sondern überall
da, wo allgemeine Zwecke, es seyen religiöse oder
politische, es seyen Zwecke des Ganzen oder einer

Partei, von Einzelnen zu ihrem Vortheil ausge-
beutet werden. Hier ist die Auswahl am größten.
Und der Typus ist in den verschiedensten Formen
immer derselbe. Wenn sie die Macht haben diese
Leute, so kann man sicher seyn, der Jude wird
verbrannt. Und so lange die Macht beim Saladin ist,
den sie heimlich hassen, kann man sicher seyn, daß sie
mit ihrer Ergebenheit gleich bei der Hand sind: „Ich
bitte meiner nur im Besten bei ihm eingedenk zu seyn!"

VI.

Daja.

In dem Patriarchen ist der Glaubensdünkel und
Glaubensegoismus bloß Dünkel und Egoismus,
baar jeder Art der Frömmigkeit und Selbstverleugnung. Doch wäre es menschenunkundig zu meinen,
daß der Glaubensdünkel, so beschränkt und unächt
er ist, jeder bessern Form und Regung vollkommen
unfähig sey. Die Menschen machen sich ihren Glauben nicht, sie empfangen ihn, und zwar empfangen
sie ihn unter dem Eindruck des Besten und Edelsten, das ihnen zu Theil werden kann; die Ueber-
zeugung, den besten Glauben zu haben, ist darum

eine unwillkürliche Mitgift der religiösen Erziehung.
Auf diesem Wege entsteht leicht eine Glaubensein=
bildung, die in befangenen und unerfahrenen Naturen
bis zum Hochmuth und Dünkel steigt und sich An=
dersgläubigen gegenüber gern in die Brust wirft.
Die Religion wird wie ein Besitz angesehen, auf
den man sich etwas einbildet, mit dem man Staat
macht, wie mit einem weltlichen Dinge. Das ist
ohne Zweifel eine sehr niedrige Art religiöser Bil=
dung, aber sie ist, wenn man die menschliche Natur
bedenkt, nicht durchaus falsch, sie ist nur stehen ge=
blieben in den ersten, unmündigen Anfängen reli=
giöser Entwicklung, wo dem Glauben der Verstand
und die Einsicht fehlt; es ist die kindische, unmün=
dige, ordinäre Form der Frömmigkeit, in ihrer
Art ganz wahr und aufrichtig, sie weiß es wirklich
nicht besser und handelt, so gut sie es versteht.
Was hier dem Herzen fehlt, ist weniger der gute
Wille als jene Bildung, ohne welche auch der beste
Wille unrichtig und verblendet handelt. Es ist die nicht
der Weisheit, sondern dem Wahn conforme Liebe.

Ein Typus dieser sehr gewöhnlichen und darum
sehr verbreiteten Form des Glaubens ist in unserer
Dichtung die Daja. Zwei Triebfedern sind es, die

sie bestimmen: ihre Liebe zu Recha, für die sie alles
zu thun bereit ist, sie würde deren Tod nicht überlebt haben, sie hängt an dem ihr anvertrauten Kinde
mit aller Treue und Hingebung; zugleich hält sie
fest an dem Glauben, den sie weniger erlebt als
gelernt hat: daß nur in ihrer Religion die Menschen
selig werden können. So wird ihre Liebe für Recha
zur Angst um deren Seelenheil. Das Christenkind
ist als Judenkind groß geworden, und wenn Daja
sie nicht bei Zeiten rettet, so ist sie ewig verloren.
Dieser Gedanke läßt ihr keine Ruhe und bekümmert
die gute Person ganz ernstlich. Ihr Mann war
ein Kreuzfahrer, der mit Barbarossa in das gelobte
Land kam und mit dem Kaiser zugleich sein Leben
verlor; jetzt ist sie Dienerin im Hause des Juden.
Sie empfindet diesen ihren gegenwärtigen Stand
wie ein Mißverhältniß, in dem sie lebt, und sie
gefällt sich in dieser Empfindung.

> „Meint Ihr etwa (bemerkt sie dem Tempelherrn),
> Ich fühle meinen Werth als Christin nicht?
> Auch mir ward's vor der Wiege nicht gesungen,
> Daß ich nur darum meinem Ehegemahl
> Nach Palästina folgen würd', um da
> Ein Judenmädchen zu erziehen."

Jener alleinseligmachende Glaube, dessen sie sich
rühmt, ist ihr angelernt und anerzogen mit den
Sitten der Heimath, es ist der Glaube, in dem sie
sich heimisch fühlt, weniger aus innerem Bedürfniß
als aus überkommener Gewohnheit, und es ist von
dem Dichter wohl angebracht, daß er die gute Frau
Heimweh haben läßt. Sie ist der Kinderschule nie
entwachsen. Und die Krone ihrer späteren Lebens-
erfahrungen reicht nicht höher als:

Es war
Mein lieber Ehgemahl ein edler Knecht
In Kaiser Friedrichs Heer.

Innere Erlebnisse, welche den Glauben auf die Probe
stellen, ihn bestätigen oder läutern, hat sie keine
gehabt, auch nicht die Fähigkeit zu solchen Erleb-
nissen. Welt- und Menschenerfahrung haben sie
nicht veredelt. Der Sinn für das Aechte im Menschen ist ihr nicht aufgegangen. So ist ihr Glaube
ohne alle Menschenkenntniß geblieben. Sie sieht
nicht, welch ein Geschöpf diese Recha in der Hand
dieses Juden geworden, sie sieht nur das Christenkind in der Hand eines Juden.

In einem solchen Gemüth kommt die Selbver-
leugnung nicht über die Schranken hinaus, welche

Unverstand und Eitelkeit ihr setzen. Aus Liebe will
sie Recha retten und fühlt nicht, daß dieser die
Trennung von Nathan das Herz bricht. Auch ist
es für eine so gläubige Christin etwas verdächtig,
daß sie Recha vor dem Juden bewahren will durch
die Ehe mit dem Tempelherrn! Es gibt also
einen Fall, in dem der Glaube dieser Daja so to=
lerant wird, daß er sich über christliche Ordensge=
lübde hinweggesetzt: wenn es gilt ein Pärchen zu
machen!

Und ich habe sie wirklich im Verdacht, daß ihre
Selbstliebe noch immer ebenso groß ist als ihre selbst=
verleugnende Liebe zu Recha, daß ihre kleinen In=
teressen auch dabei ihre Rechnung finden. Was hat
sie denn in dem Hause des Juden so lange gehalten
und ihr ängstliches Gewissen immer wieder beschwich=
tigt und stumm gemacht? Nathan kennt die Daja
besser als sie ihn. Wie sie von ihrem Gewissen redet,
sagt Nathan:

Daja, laß

Vor allen Dingen dir erzählen —
was in Babylon
Für einen schönen Stoff ich dir gekauft.
So reich, und mit Geschmack so reich! Ich bringe
Für Recha selbst kaum einen schönern mit.

Und wie sie ihr Gewissen nicht länger betäuben kann, fährt Nathan fort:

Und wie die Spangen, wie die Ohrgehenke,
Wie Ring und Kette dir gefallen werden,
Die in Damaskus ich dir ausgesucht:
Verlanget mich zu sehen.

Ich bin überzeugt, sie werden ihr sehr gefallen, und das schöne Kleid wird ihrer Eitelkeit eben so wohl thun, als daß ihr lieber Ehgemahl ein edler Knecht war in Kaiser Friedrichs Heer.

Ihr wärmster Wunsch ist, Recha in ihren Glauben und ihr Vaterland nach Europa zurückzuführen. Aber auch dabei ist ihr eigenes Interesse nicht vergessen. Das letzte Wort, das sie dem Tempelherrn zuruft, nachdem sie diesem das Familiengeheimniß Rechas verrathen, gibt einen Blick in ihre Seele: „wenn Ihr aber dann sie nach Europa führt, so laßt Ihr mich doch nicht zurück?“

So ist ihr Glaube wie ihre Liebe zur Hälfte Selbstliebe, und wenn wir sie mild beurtheilen, so nehmen wir sie, wie Recha sie der Sittah schildert:

Meine gute böse Daja kann
Das wollen, — will das können. — Ja, du kennst
Wohl diese gute böse Daja nicht?

Nun, Gott vergeb' es ihr! — belohn' es ihr!
Sie hat mir so viel Gutes, — so viel Böses
Erwiesen!

VII.

Der Tempelherr.

Der Glaubensdünkel nährt den Egoismus, weil
er ihm wohlthut, und unter dieser Bedingung kann
die Selbstverleugnung nicht groß werden. Heben
wir diese Schranke auf, welche das lautere Streben
drückt und verkümmert, damit das uneigennützige
Herz sich in seiner vollen Stärke entfalte. Setzen
wir zunächst an die Stelle der Glaubenseitelkeit ihr
Gegentheil: einen Charakter, der sich innerlich da=
von befreit hat, dem der Glaubensdünkel höchst un=
gereimt, höchst verwerflich erscheint, der die ganze
Kraft eines uneigennützigen und großdenkenden Her=
zens und zugleich eine volle leidenschaftliche Ver=
achtung dagegen erhebt. In dieser leidenschaftlichen
Verachtung liegt die Gefahr. Den Glaubenswahn
verachten, ist der Stolz, ihn nicht zu haben. Dieser
Stolz ist auch eitel, auch unreif und menschenun=
kundig. Es ist der Stolz des Freigeistes, der sich

empört über die Unduldsamkeit und den Fanatis=
mus der Menschen, und der in dieser Empörung
sich selbst versteigt bis zur Unduldsamkeit und zum
Fanatismus. Der Widerspruch dieser sehr verbrei=
teten Geistesart liegt am Tage. Lessing kannte ihn
wohl und war selbst davon ganz frei; er war, wie
Herder vortrefflich gesagt hat, kein Freidenker, son=
dern ein Rechtdenker. Der hitzige Freigeist dünkt
sich unendlich besser, als die im Glaubensdünkel
Befangenen, die er verachtet und besonders darum
verachtet, weil jeder von ihnen sich unendlich besser
dünkt, als der Andersgläubige. Mit diesem Gegen=
satz sind wir offenbar wenig gebessert. Und wo die
Freigeisterei, aus einem reinen Triebe entstanden,
diese Wendung nimmt, da ist die Schranke, an der
die Kraft der Selbstverleugnung zu Schanden wird
und sich in ein falsches Selbstgefühl verkehrt.

Ein wohlgetroffener und zugleich dramatisch be=
lebter Typus dieser Geistesart ist der Tempel=
herr. Sein Stand hat ihm die Fesseln angelegt,
die er mit Widerstreben trägt und zuletzt innerlich
abwirft; die Glaubenskriege, in denen er lebt, ha=
ben ihn den Glaubenshaß erfahren lassen; der Geist,
der sich in seinem Orden zu verbreiten anfängt, be=

günstigt die Glaubensindifferenz, die er innerlich
annimmt und leidenschaftlich ausbrechen läßt, wo
er den Glaubenswahn trifft oder voraussetzt. Wo
könnte dieser stärker seyn, als bei dem Volk, das in
seiner Glaubenseinbildung sich das auserwählte der
Erde zu seyn dünkt? Daher seine leidenschaftliche
Judenverachtung. Das Wort, das er ungerechter
und unkundiger Weise auf Nathan gemünzt hat,
paßt genau auf ihn selber: „es sind nicht alle
frei, die ihrer Ketten spotten."

Doch sind diese Züge in der Individualität des
Tempelherrn so wohl angelegt und gerechtfertigt, daß
man sie nicht anders erwartet, kaum wünscht. Seine
Erlebnisse haben ihn nur mit den Schattenseiten
der Religionen bekannt gemacht, sie haben ihn nur
bis zu dieser leidenschaftlichen Abneigung gegen die
religiöse „Menschenmäkelei" kommen, sie haben ihn
nicht tiefer blicken lassen; er ist noch jung und nach
Art der Jugend schnell entschlossen, ganz zu verwerfen, was ihm als ungerecht oder ungereimt von
einer Seite her einleuchtet. Ein unverdorbenes,
leidenschaftliches Herz, eben so schnell und entschieden
in seiner Liebe wie in seinem Haß! Wie könnte es
anders seyn?

Ein Jüngling, wie ein Mann (sagt Nathan). Ich mag ihn wohl,
Den guten, trotz'gen Blick! den drallen Gang!
Die Schale kann nur bitter sein: der Kern
Ist's sicher nicht.

Der Patriarch und Daja sind ordinäre Typen,
die man zu Dutzenden findet. Der Tempelherr ist
eine seltene Natur. Er hat einen Zug, den er mit
seinem Dichter theilt, und der, so einfach er ist,
dem Menschenkenner höchst selten unter Menschen
begegnet: er ist ganz wahr, er will nur scheinen,
was er innerlich ist, und selbst seine Blendungen
sind so offen und aufrichtig in ihrer Art, daß sie
bald der bessern Einsicht weichen. Und wenn wir
den Glaubenszwang bei Seite lassen, der übrigens
die Templer wenig beengt hat, so paßt auch der
weiße Mantel mit dem rothen Kreuz vortrefflich zu
seiner Natur. Die großen menschlichen Züge, welche
den Orden gewaltig gemacht haben, entsprechen ganz
seinen persönlichen Neigungen: der Heldenmuth, die
Todesverachtung, die Weltentsagung! Er ist in
diesem Sinn ein ächter Tempelherr. Gleich seinen
ersten Worten im Gespräch mit dem Klosterbruder
ist dieser Charakter, dem die Entbehrung leicht wird,
der sich in der Weltentsagung frisch fühlt, so eigen=

thümlich aufgeprägt, daß, so oft ich mir den Tempel-
herrn vorstelle, diese Worte mir einfallen:

> Ja, guter Bruder, wer nur selbst was hätte!
> Bei Gott! bei Gott! ich habe nichts. —

Und wie er das Pilgermahl ablehnt, das der Klosterbruder ihm anträgt:

> Wozu?
> Ich habe Fleisch zwar lange nicht gegessen;
> Allein was thut's? Die Datteln sind ja reif.

Die frühe Weltentsagung macht ihn ernst, ab-
geschlossen, unzugänglich. Ein Jüngling, für den
die Welt keine Reize, keine Güter hat! Eine solche
Weltentfremdung bei einem so leidenschaftlichen Empfinden! Wie kann es da anders seyn, als daß er
leidenschaftlich die Welt von sich stößt, sich gern
der Einsamkeit hingibt, die Menschen meidet, reiz-
bar ist gegen jede zudringliche Berührung, mitten
im Vollgefühl der Jugend von einem Lebensüber-
druß und einer Neigung zur Schwermuth beschlichen
wird? An einigen Stellen wird durch ein hingewor-
fenes Wort diese Stimmung erkennbar. Wie ihn
der Klosterbruder vor den Datteln warnt, die me-
lancholisches Geblüt machen, läßt er ihn abfallen
mit der Bemerkung: „wenn ich nun melancholisch

gern mich fühlte?" — Und wie er Nathans Dank=
barkeit loswerden will, sucht er seine That werth=
los zu machen mit einer Wendung, die ich zwar
keineswegs für das Motiv seiner Handlung, aber
auch nicht für eine bloße Erfindung halte. Er sagt:

> Mein Leben war mir ohnedem
> In diesem Augenblicke lästig. Gern,
> Sehr gern ergriff ich die Gelegenheit,
> Es für ein andres Leben in die Schanze
> Zu schlagen: für ein andres — wenn's auch nur
> Das Leben einer Jüdin wäre.

So würde der Tempelherr nicht sprechen, wenn er
noch nie das Leben als Last empfunden hätte. Es
ist in diesem Jünglinge ein starker Hang zur Men=
schenverachtung, zu der Menschenverachtung, deren
innerster Grund zurückgedrängte Liebe ist, die sich
vor dem Unwerthe der Menschen verschließt.

Aus dieser Charakterstimmung des Tempelherrn
erklären sich seine Handlungen. Es ist begreiflich,
daß er die Daja, die wirklich zudringlich ist, schnöde
behandelt; daß er Nathan, der es nicht ist, für zu=
dringlich hält und seine Judenverachtung an ihm
ausläßt; daß er gegen das Ansinnen des Patriar=
chen, der ihm ein feiges Bubenstück zumuthet, in

Empörung aufbraust; daß ihn die Seelengröße Na=
thans, wie er sie erkennt, ganz überwältigt; daß
bei dem Anblicke Rechas dieses glühende und ge=
waltsam verschlossene Herz plötzlich ergriffen wird
und in der feurigsten Leidenschaft auflodert.

Die grundsätzliche Menschenverachtung ist nie
gerecht, und es gibt ein sicheres Zeichen, daß sie
falsch ist; denn sie ist allemal mit einem übertrie=
benen Selbstgefühl verbunden, entweder als ihrer
Ursache oder als ihrer Wirkung. Sie thut dem
Selbstgefühl wohl, und der in der Menschenverach=
tung unwillkürlich empfundene Kitzel gehört zum
Geschlechte des Egoismus. Eine solche jugendlich
entschlossene Menschenverachtung, wie die des Tempel=
herrn, verfehlt das richtige Maß in zwei Punkten:
sie hat zu viel Selbstgefühl und zu wenig Menschen=
kenntniß. Er denkt: sie sind alle Egoisten; sie
sind es selbst da, wo sie es am wenigsten seyn soll=
ten, in ihrer Religion, gerade hier sind sie es am
meisten, und die schnödesten von allen sind die Juden,
die von ihrer Religion selbst verpflichtet werden,
Egoisten zu seyn; sie sind es, welche die Menschen=
mäkelei zuerst getrieben, zuerst das auserwählte
Volk sich nannten, zuerst den Glaubensdünkel hatten,

nur ihr Gott sey der rechte Gott. Und damit ist
das Judenthum von dem Tempelherrn verworfen,
so zu sagen en bloc. und mit dem Judenthum
alle, die diesen Namen führen. Der Tempelherr
urtheilt, wie die Scholastik seines Zeitalters: die
Gattungen sind die Dinge.

Daß Nathan, der ihn anredet, ein Jude ist,
reicht hin, um ihm mit der betontesten Wegwerfung zu
begegnen. Und wie nun der Tempelherr in dem
Gespräche mit Nathan enttäuscht wird, wie ihn diese
Enttäuschung innerlich trifft und ihm das Herz
öffnet, ist für beide gleich ausdrucksvoll und charak=
teristisch. Diese Wendung ist einer der ergreifendsten
Momente der Dichtung. Das Benehmen des Tempel=
herrn ist auf den glaubenseiteln, gewinnsüchtigen,
mit einem Worte gemeinen Juden gemünzt, den
er im Sinn hat. Denn in seinem Sinn ist einer
wie alle. Er läßt ihn unbarmherzig eine Reihe
von Demüthigungen empfinden bis zum verächtlichsten
Hohn. Nathan kommt, um ihm zu danken. Da
er den Dank des Juden verschmäht, so bittet dieser
den Tempelherrn, wenigstens seine Dienste zu brau=
chen, er sey ein reicher Mann. Aber der reiche
Jude ist im Sinn des Tempelherrn ohne weiteres

auch der habsüchtige und niedrig geizige. Und
diese bloße Vorstellung, die er sich macht, ist ihm
genug, um den Juden, der vor ihm steht, mit der
Verachtung zu behandeln, die dem Geizhalse ge=
bührt. Vielleicht werde er ihn beim Wort nehmen,
sich einen neuen Mantel von ihm — nicht schenken
lassen, sondern borgen; doch brauche Nathan nicht
zu erschrecken, es sey noch lange nicht so weit, noch
habe er den neuen Mantel nicht nöthig, der alte
aber nur eine schadhafte Stelle, den Brandfleck,
den er bekommen, als der Tempelherr die Tochter
des Juden durch das Feuer trug. Das ist eine un=
verdiente, fast boshaft ausgesuchte Erniedrigung, und
wenn Nathan sie hinnimmt, so sollten wir meinen,
er sey mit dem Tempelherrn quitt.

Nathan erwidert nichts auf die Kränkung. Nur
von der Absicht erfüllt, ihm zu danken, demüthigt
er sich selbst tief vor dem Tempelherrn. Er dankt
dem Brandfleck, auf den er sich herabneigt, um ihm
zu küssen; er bittet um Verzeihung, daß er mit
einer Thräne den Mantel benetzt habe, er bittet um
die Gunst, seiner Tochter den Mantel zu schicken,
damit auch sie dem Brandfleck danken könne.

Auf die Demüthigung, die Nathan vom Tempel=

herrn erfährt, antwortet er mit einer noch größern freiwilligen Demüthigung. In seiner Vorstellung sieht der Tempelherr den eigennützigen Juden, der schon über die entfernte Aussicht erschrickt, einen Mantel borgen zu sollen; — vor sich sieht er ein Bild der größten Selbstverleugnung. Das ist ein Eindruck, der seine Vorstellung kreuzt, ihn verwirrt und außer Fassung bringt, das ist eine Enttäuschung, die ihn beschämt und entwaffnet. Ein gemeiner Jude ist er nicht, doch immer einer aus dem Volk, das sich für auserwählt hält. Diese Scheidewand sieht der Tempelherr noch zwischen sich und Nathan.

Nathans Auge durchschaut den Tempelherrn, er erkennt in ihm den Edelmuth, der bis zur Selbst=verleugnung geht, verdunkelt durch den Stolz, der sich leicht bis zur Selbstüberhebung steigert. In diese Züge läßt er den Tempelherrn blicken. Er bekennt, daß er ihm die edelsten Beweggründe zu=traut, und zugleich gibt er ihm zu verstehen, wie thöricht die Selbstüberhebung.

    Mittelgut, wie wir,
Find't sich hingegen überall in Menge;
Nur muß der eine nicht den andern mäkeln,
Nur muß der Knorr den Knubben hübsch vertragen,

Nur muß ein Gipfelchen sich nicht vermessen,
Daß es allein der Erde nicht entschossen.

Diese Worte sind nicht ohne persönliche Beziehung.
Die Menschenmäkelei, die Nathan rügt, die Hinweisung auf den unberechtigten Tugendstolz, der
leise darin anklingende Vorwurf bringt den Tempelherrn auf sein Thema. Er antwortet mit dem
offenen Vorwurf des Glaubensstolzes, dessen
größte Schuld die Juden tragen; sie sind den Völ-
kern damit vorangegangen, sie haben diesen Stolz
auf Christen und Muselmänner vererbt, die unselige
Saat ist aufgegangen in den Kreuzzügen, deren
fromme Raserei der Tempelherr verabscheut. Sein
ganzes Herz ergießt sich in die Worte:

       Ihr stutzt,
Daß ich, ein Christ, ein Tempelherr, so rede?
Wann hat und wo die fromme Raserei,
Den bessern Gott zu haben, diesen bessern
Der ganzen Welt als besten aufzudringen,
In ihrer schwärzesten Gestalt sich mehr
Gezeigt als hier, als jetzt? Wem hier, wem jetzt
Die Schuppen nicht vom Auge fallen Doch
Sey blind, wer will! — Vergeßt, was ich gesagt,
Und laßt mich!

Auf dieses Wort läßt Nathan die Scheidewand fallen,
und beide erkennen sich in derselben Gesinnung einer ge=
läuterten, vom Glaubensegoismus freien Menschheit.

Diese Läuterung ist im Tempelherrn noch lange
nicht vollendet. Sie kämpft mit den Wallungen der
Leidenschaft, die ihn jetzt verschlossen bis zur Härte,
jetzt vertraulich bis zur Hingebung, bald wieder
mißtrauisch bis zum Argwohn und argwöhnisch gegen
den Freund bis zur Verfolgung machen. Aber seine
edle Natur bricht durch, sie erkennt die Verirrung,
womit die Leidenschaft sie verblendet hat, und findet
wieder den Weg zu sich selbst. Er wird noch oft
irren, aber der Irrthum wird ihn läutern. Und
selbst über den Glaubensdünkel wird er menschen=
kundiger und milder urtheilen lernen. Am Ende
ist es weniger der Glaube, der egoistisch macht, als
der Egoismus, der den Glauben ansteckt und darum
auch den Glaubensdünkel überlebt. Wenigstens
eine Erfahrung dieser Art hat der Tempelherr an
sich selbst machen können. Der menschliche Egois=
mus nährt sich von allen Leidenschaften, und wer
ihn nur in der Gestalt des Glaubens besiegt hat,
der ist nicht einmal sicher, ihn auch nur in dieser
Gestalt besiegt zu haben.

VIII.

Der Klosterbruder.

Die Selbstverleugnung des Tempelherrn ist be=
fangen in den Schranken einer leidenschaftlichen
Welt= und Menschenverachtung; er wirft sich inner=
lich dem selbstsüchtigen Glaubensstolz entgegen, den
er in den Religionen der Welt herrschen sieht; hier
motivirt sich seine Menschenverachtung, diese moti=
virt seinen Stolz, dieser die Selbstüberhebung, die
ihn unwillkürlich befällt und mit seiner Selbstver=
leugnung streitet.

Nehmen wir der Selbstverleugnung diese Schranke,
unter der sie leidet, die sie drückt und verdunkelt;
setzen wir an die Stelle der Selbstüberhebung deren
äußerstes Gegentheil, die Selbstverkleinerung,
die am liebsten ganz in das Unscheinbare sich verlieren
möchte: einen Charakter der demüthigsten Art, einen
der Geringen, die sich selbst nicht klein, nicht ge=
ring genug seyn können, die am liebsten fern von
den Menschen in der verborgensten Einsamkeit leben,
die unter den Menschen am liebsten nur dienend
und gehorchend seyn wollen. Wir haben in unserer

Dichtung den unentbehrlichen Typus dieser Art
im Klosterbruder.

Er hat auch in den Kreuzzügen gedient, nicht
als Ritter, sondern als Reitknecht, und vor acht-
zehn Jahren das Kind Assads, seines Herrn, als
dieser sich nach Gaza werfen mußte, dem Juden
Nathan überbracht. Zu sanft für den Glaubenshaß und zu friedliebend für das wilde Kriegstreiben,
ist der Reitknecht ein Eremit geworden, er hat in
einem einsamen Gotteshäuschen bei Jericho gelebt,
bis ihn arabische Räuber von dem stillen Plätzchen
vertrieben. Jetzt ist er Laienbruder im Kloster von
Jerusalem und wartet, bis eine Einsiedelei auf
Tabor frei wird, die ihm der Patriarch versprochen.
Unterdessen muß er thun, was der Patriarch ihm
befiehlt. „Ich verlange des Tags wohl hundertmal auf Tabor, denn der Patriarch braucht mich
zu allerlei, wovor ich großen Ekel habe!" Was
auch soll er diesem Patriarchen nicht alles thun:
den Tempelherrn aushorchen, den Juden mit dem
Christenkinde ausspähen, allerhand Kundschafterei
treiben, die der Patriarch für seine Zwecke braucht!
Er wird ein Werkzeug der schlimmsten Neugierde,
ein Spion werden, wenn er sich brauchen läßt.

Gehorsam und dienstwillig ist unser Bonafides ge=
wiß, aber nicht so blind und nicht so einfältig, als
der Patriarch ihn wähnt. Er ist menschenkundig
genug, um den Patriarchen vollkommen zu durch=
schauen, zu lauter, um den schlechten Zwecken des=
selben zu dienen, zu fein, um so fein und so klug
zu seyn, als jener ihn haben möchte. Es gelingt
ihm nichts, was der geistliche Herr ihm aufträgt,
weil er sich nichts davon gelingen lassen will.

> Ja, ja! er hat schon Recht, der Patriarch!
> Es hat mir freilich noch von alle dem
> Nicht viel gelingen wollen, was er mir
> So aufgetragen. — warum trägt er mir
> Auch lauter solche Sachen auf? — Ich mag
> Nicht sein seyn, mag nicht überreden, mag
> Mein Näschen nicht in Alles stecken, mag
> Mein Händchen nicht in Allem haben. — Bin
> Ich darum aus der Welt geschieden, ich
> Für mich, um mich für Andre mit der Welt
> Noch erst recht zu verwickeln?

Der Klosterbruder hat die Welt gerade genug kennen
gelernt, um zu wissen, was pfäffische Herrschsucht
heißt. Wenn er vom Patriarchen sagt: „es muß
ihm sauer werden, in Dingen dieser Welt so un=

terrichtet zu seyn," so trifft er mit diesem seinen
Worte beides, den selbstsüchtig weltlichen Sinn des
Prälaten und dessen frommes Gethue. Er kennt
die pfäffische Herrschsucht weit besser, als der Tem=
pelherr, der sich so heftig dagegen ereifert. Diesen
hindert die leidenschaftlichste Abneigung nicht, den
Patriarchen aufzusuchen, um sich gegen Nathan von
ihm berathen zu lassen. „Ihr den Patriarchen?"
sagt der Klosterbruder, „ein Ritter einen Pfaf=
fen?" Und wie der Tempelherr gleichsam ent=
schuldigend antwortet: „Ja — die Sach' ist ziem=
lich pfäffisch," so gibt ihm der Klosterbruder einen
exemplarischen Wink, der zeigt, wie tief er in das
Pfaffenthum geblickt hat:

> Gleichwohl fragt der Pfaffe
> Den Ritter nie, die Sache sey auch noch
> So ritterlich.

Bei dem Klosterbruder ist die größte Ehrlichkeit
zugleich die größte Klugheit. Er will nicht, daß
ihm die Aufträge des Patriarchen gelingen, und
das beste Mittel, sie zu kreuzen, ist, daß er sie
auf das ehrlichste ausrichtet. Der Patriarch trägt
ihm auf, den Tempelherrn auszuhorchen, ihm auf

den Zahn zu fühlen. Der Klosterbruder sagt es dem
Tempelherrn gerade heraus, mit der unschuldigsten
Miene, unter dem Scheine der Einfalt. Er will
den Tempelherrn stutzig machen, und dazu ist diese
Offenheit das unfehlbarste Mittel. „Ich soll mich
bloß nach Euch erkunden, auf den Zahn Euch
fühlen." Deutlicher kann er ihm nicht sagen, daß
er mit einem bedenklichen Auftrage kommt. Und
wie er den letzteren ausrichtet, so hört man aus
jedem Worte heraus, wie wenig sein Sinn zu seinen
Worten paßt. Damit er ja nicht als das gleich=
gesinnte Werkzeug des Patriarchen erscheine, viel=
mehr als das widerwillige, kann er nicht oft genug
mitten in seinem Auftrage wiederholen: „sagt der
Patriarch." Er legt alles darauf an, den Tempel=
herrn dem Plane, für den er ihn gewinnen soll,
abwendig zu machen. Und wie dieser selbst das
Ansinnen mit Empörung verwirft, nimmt der Kloster=
bruder mit erleichtertem Herzen Abschied. „Ich geh'
und geh' vergnügter, als ich kam."

Gleich in den ersten Worten, die er mit dem
Tempelherrn wechselt, erkennen wir den Mann, der
ein reines Gefühl hat für ächten Menschenwerth.
Der Tempelherr glaubt, der Klosterbruder gehe

ihm nach um eines Almosens willen, und wie er bedauert, ihm nichts geben zu können, weil er selbst nichts habe, so antwortet dieser:

Und doch
Recht warmen Dank! Gott geb' Euch tausendfach,
Was Ihr gern geben wolltet! Denn der Wille
Und nicht die Gabe macht den Geber.

Ihm gilt in der Religion Hingebung, Mitleid, Barmherzigkeit, Liebe als Hauptsache. In diesem Sinn ist der Klosterbruder ein ächter Christ. In der Unterredung mit Nathan, den er vor dem spionirenden Patriarchen warnt, offenbart sich sein innerstes Gemüth. Der Jude hätte sich des Christenkindes erbarmt, die Waise liebevoll aufgezogen, und sollte dafür dem unbarmherzigen Glaubensrichter verfallen? Das will dem einfach menschlichen und wahrhaft frommen Sinne des Klosterbruders nicht einleuchten, der weiß, daß in der Gesinnung allein Glaube und Christenthum leben.

Der Patriarch und der Klosterbruder: einer der höchsten unter den Würdenträgern der Kirche und einer der niedrigsten unter den Laien! Es handelt sich um das Schicksal eines Kindes! Wie urtheilen sie beide entgegengesetzt! Der Prälat will

das Kind lieber im Elend umkommen als von einem
Juden gerettet sehen. Dagegen der Laienbruder
mit seinem rührenden Ausspruch: „Kinder brauchen
Liebe." Beide führen den Namen des Christenthums.
Wer von beiden hat das Gleichniß vom barmherzigen
Samariter und die Worte: „lasset die Kinder zu
mir kommen!" wirklich beherzigt? Das Vorbild des
Patriarchen in dem christlichen Gleichniß ist nicht
der Samariter, sondern der Levit.

Der Klosterbruder und der Tempelherr:
beide dem Glaubensfanatismus innerlich fremd und
abgeneigt, der Eine ein Bild der demüthigen, der
Andere ein Bild der stolzen Weltentsagung! Um wie
viel erleuchteter aber ist der Klosterbruder durch
seine einfache und reine Frömmigkeit, als der
Tempelherr durch seine leidenschaftliche und stolze
Freigeisterei! Dieser verachtet den jüdischen Glaubens=
stolz und kommt dabei dem christlichen Judenhaß
so nahe, daß er beim Patriarchen Rath sucht gegen
Nathan. Der Tempelherr sieht in dem Juden nur
das Judenthum, den Religionswahn, den er
verabscheut; der Klosterbruder sieht in dem christlichen
Judenhaß nur den Haß, der so wenig stimmt mit
der Religion der Liebe:

Es hat mich oft
Geärgert, hat mir Thränen gnug gekostet,
Wenn Christen gar so sehr vergessen konnten,
Daß unser Herr ja selbst ein Jude war.

Der Klosterbruder und Nathan, der Christ
und der Jude: beide darin einig, daß Selbstverleugnung und Liebe des Glaubens und der Frömmigkeit innerster Kern sind! Wie Nathan ihm erzählt, in welchem Augenblick er das Christenkind
empfangen, wie eben damals sein Weib und seine
sieben Söhne von den Christen erschlagen waren, wie
er das Kind genommen, geküßt, Gott dafür gedankt
habe: „auf sieben doch nun schon eines wieder!"
da ruft der Klosterbruder:

Nathan! Nathan!
Ihr seyd ein Christ! — Bei Gott, Ihr seyd ein Christ!
Ein beßrer Christ war nie!

Und Nathan erwiedert:

Wohl uns! Denn was
Mich Euch zum Christen macht, das macht Euch mir
Zum Juden!

Indessen, so rein und ächt die Frömmigkeit des
Klosterbruders ist, doch hat sie etwas Gedrücktes.

Er ist auf der Flucht vor der Welt, er fürchtet ihre Berührung. Seine Sehnsucht geht nach der Einsiedlerhütte auf dem Tabor, wo er dem menschlichen Treiben und Welthändeln entrückt ist. „Ich verlange des Tags wohl hundertmal auf Tabor!" Ihm ist nur wohl, wenn er mit keinerlei Dingen und Geschäften der Welt zu thun hat. Sorgfältig geht er allem aus dem Wege, womit die Welt ihn beunruhigen könnte. Er hätte so leicht verhindern können, daß der Tempelherr den Patriarchen um Rath fragt; der Tempelherr will ihm selbst die Sache anvertrauen, er ist schon im Begriff, sein Herz dem Klosterbruder auszuschütten, da fällt ihm dieser ängstlich in die Rede:

> Nicht weiter, Herr, nicht weiter!
> Wozu? — Der Herr verkennt mich. — Wer viel weiß,
> Hat viel zu sorgen; und ich habe ja
> Mich einer Sorge nur gelobt.

Die Welt ist ihm unheimlich, das Handeln ängstet ihn, er fühlt sich unsicher in dem menschlichen Treiben, das selbst die beste That so leicht in schlimme Folgen verkehrt. Das Gute ist hier mit dem Bösen so fein und eng in einander gewebt, daß sich beide

kaum scheiden lassen und, um das Böse nicht zu
thun, man selbst vor dem Guten sich in Acht nehmen
müsse.

Denn seht, ich denke so (sagt er zu Nathan): wenn an das Gute,
Das ich zu thun vermeine, gar zu nah
Was gar zu Schlimmes grenzt: so thu ich lieber
Das Gute nicht; weil wir das Schlimme zwar
So ziemlich zuverlässig kennen, aber
Bei weitem nicht das Gute.

Aber wo wäre in der Welt ein Gutes ohne diese
gefährliche Nachbarschaft? Da wird freilich der Kloster=
bruder am besten thun, sich mit der Welt gar nicht
einzulassen, das praktische Leben zu fliehen und be=
schaulich auf dem Tabor in menschenloser Einsam=
keit zu leben. Das ist die Weltentsagung, welche
die Welt nicht überwindet! Und hier ist der Mangel,
an dem der ehrliche Bonafides leidet.

IX.

Der Derwisch.

So schwer ist es, in der Weltentsagung das
Richtige zu treffen! In dem Tempelherrn stößt sie
sich an dem Stolz, der ihr zu Grunde liegt, an

der Leidenschaft, womit sie ergriffen wird; in dem Klosterbruder an der Demuth, aus der sie hervorgeht, und die in ihrer Flucht vor der Welt zum Kleinmuth herabsinkt. Den Tempelherrn macht die Weltentsagung schwermüthig, den Klosterbruder macht sie kraftlos: so erscheint sie in beiden gebunden und unfrei.

Es gibt eine Weltentsagung, die nicht von solchen Schranken gedrückt ist, eine vollkommen unerkünstelte, unerzwungene, naive, in der die Seele ihr volles Kraftgefühl und das Wohlseyn der Freiheit empfindet. In dieser Form wird sie nur im Orient geboren. Ihr glücklicher Typus in unserer Dichtung ist der Derwisch Al-Hafi.

Da ist nichts in der Welt, das diesen Derwisch fesselt, keine Leidenschaft, die ihn bestrickt, kein Gut, das ihn lockt, kein Herr, von dem er abhängt. Er besitzt und begehrt nichts, er hat die Armuth eines Bettlers und die Unabhängigkeit eines Königs. Ein freies, von keinem Glaubensdünkel beengtes Herz, ein freier, von keiner Eitelkeit der Welt verblendeter Sinn! Was hat diesen Derwisch vermocht, sein beschauliches Leben zu verlassen und ein Mann bei Hofe zu werden, Defterdar des Sultans, — er,

der Bettler, Saladins Schatzmeister? Etwa die Hab=
sucht, die dabei gewinnen möchte? Diese unterste
Leidenschaft ist dem Derwisch fremd, wie dem
Klosterbruder und dem Tempelherrn, sie bleibe in
unserer Dichtung dem Patriarchen und in der
Welt jenen niedern Seelen, deren Zahl Legio ist,
die der hochdenkende Plato auf die letzte Stufe seiner
Menschenordnung gestellt hat: den Chrematistikern!
Da gibt es viele, die sich zu unserem Patriarchen
verhalten, wie dieser zu dem Juden mit dem Christen=
kinde: „mich schaudert!" — und die unter dem
Scheine entgegengesetzter Tugenden innerlich eben so
schlecht sind. Oder hat der Sultan in dem Derwisch
vielleicht einen verborgenen Finanzminister entdeckt,
wie er ihn brauchen könnte, der sich auf die Kunst
des Sparens versteht? Nein! Er hat im Derwisch
nur den Derwisch gewollt, der die Tugend besitzt,
nichts haben zu wollen und nichts zu behalten; er
hat den Bettler gewollt, der für die Armuth am
besten werde zu sorgen wissen, der seiner königlichen
Freigebigkeit die vollen Segel gönnt.

> Ein Bettler wisse nur, wie Bettlern
> Zu Muthe sey; ein Bettler habe nur
> Gelernt, mit guter Weise Bettlern geben.

„Dein Vorfahr," sprach er, „war mir viel zu kalt,
Zu rauh. Er war so unhold, wenn er gab;
Erkundigte so ungestüm sich erst
Nach dem Empfänger; nie zufrieden, daß
Er nur den Mangel kenne, wollt' er auch
Des Mangels Ursach wissen, um die Gabe
Nach dieser Ursach filzig abzuwägen.
Das wird Al-Hafi nicht! So unmild mild
Wird Saladin im Hafi nicht erscheinen!
Al-Hafi gleicht verstopften Röhren nicht,
Die ihre klar und still empfangnen Wasser
So unrein und so sprudelnd wiedergeben.
Al-Hafi denkt, Al-Hafi fühlt wie ich!"

Oekonomische und politische Beweggründe waren es
nicht, aus denen Saladin den Derwisch zum Schatz=
meister gemacht hat, es waren rein menschliche; und
gerade deßhalb hat sich der Derwisch zum Schatz=
meister dieses Sultans machen lassen. Ein solcher
Sultan und ein solcher Defterdar! Wenn in die=
sem Bunde nicht die Idee der Wohlthätigkeit zur
Darstellung kommt, ganz und unverkümmert, so
wird sie die Welt nie in ihrer Vollkommenheit
sehen.

Al-Hafi geht den Bund mit Saladin ein, das
Ideal der Wohlthätigkeit in seiner Seele: der un=

eigennützigste Derwisch mit dem freigebigsten Herr-
scher! Aber Al-Hafi ist ein zu scharfblickender und
unverblendeter Geist, um sich durch ein Ideal täuschen zu lassen. Er macht sehr bald die Erfahrung,
daß, um einen Staatsschatz zu verwalten, sich andere Bedingungen vereinigen müssen, als bloß die
Freigebigkeit des Königs und die Menschenliebe des
Schatzmeisters, daß die besten Eigenschaften des Her-
zens sehr schlechte Factoren sind, wenn es sich um
das Gesammtwohl handelt, daß sich das menschen-
freundliche Ideal in Thorheit und Widersinn verkehrt, wenn man mit Geben und Wohlthun den
Staatsschatz vergeudet. Was man allen abplagt,
wird an einzelne verschwendet; man muß alle be-
drücken, um einzelnen wohlzuthun; man muß aussaugen, um sich wieder aussaugen zu lassen. So wird
der wohlthätige und freigebige König, bei Licht betrachtet, eine Plage der Menschen, um zuletzt eine
Beute Habgieriger zu werden. „Es taugt nun freilich nichts, wenn Fürsten Geier unter Aesern sind,
doch sind sie Aeser unter Geiern, taugt's noch zehn-
mal weniger!"

Der Derwisch sieht den Widerspruch klar ein,
die Thorheit, zu der ihn Saladin verführt hat.

Ei was! — es wär' nicht Geckerei,
Bei Hunderttausenden die Menschen drücken,
Ausmärgeln, plündern, martern, würgen, und
Ein Menschenfreund an Einzeln' scheinen wollen?
Es wär' nicht Geckerei, des Höchsten Milde,
Die sonder Auswahl über Bös' und Gute,
Und Flur und Wüstenei in Sonnenschein
Und Regen sich verbreitet, — nachzuäffen,
Und nicht des Höchsten immer volle Hand
Zu haben?

Diese Einsicht macht ihn unwirsch und unzufrieden
mit sich selbst. „Ich Geck, ich eines Gecken Geck!" Er
muß die Thorheit verdammen, der Sache den rechten
Namen geben, seine Selbstttäuschung gut machen
durch das offenste Bekenntniß; er ist zu wahrheitslie=
bend, um sich blenden zu lassen, um die erkannte Blen=
dung zu schonen. Und doch ist in Saladins Frei=
gebigkeit ein großes Herz, dem sich Al=Hafi verwandt
fühlt; er kann nicht anders als an der Geckerei, wie
er es nennt, die gute Seite dennoch ausspüren, und
daß er es thut, daß er die Thorheit, die er verwerfen
muß, im Stillen noch liebt, verdrießt ihn von neuem:

Laßt meiner Geckerei
Mich doch nur auch erwähnen! — Was? es wäre
Nicht Geckerei, an solchen Geckereien

Die gute Seite dennoch auszuspüren,
Um Antheil dieser guten Seite wegen
An dieser Geckerei zu nehmen!

So sind in unserem Derwisch Kopf und Herz
jetzt in offenem Zwiespalt; sie waren, ehe er Defterdar wurde, in vollem Einklang. Er sehnt sich nach
dem Derwisch zurück, der nichts als Derwisch war.
Bald hängt das Ehrenkleid, das Saladin ihm gab,
in Jerusalem am Nagel —

Und
„Ich bin am Ganges, wo ich leicht und barfuß,
Den heißen Sand mit meinen Lehrern trete."

Er paßt nicht an den Hof. Selbst das einzige
Vergnügen, das er leidenschaftlich liebt, das Schachspiel, wird ihm verleidet. Saladin verliert an Sittah ungeheure Summen; das möchte noch gehen,
denn Sittah spart sie, und die verlornen Schachpar-
tien des Sultans sind an diesem Hofe die einzige
heimlich getriebene Finanzwirthschaft, die noch aus-
hilft. Aber alles heimliche Treiben ist nicht nach
der Art des Derwisch, und er findet sich nur nothgedrungen in die List und das Verheimlichen der
guten Sache. Aber Sittah gewinnt nicht bloß das
Geld zum Schein, sondern auch die Partie auf dem

Schachbrett. Der Derwisch findet sie beim Spiel,
Saladin hat die Partie noch nicht verloren, er
braucht den König nur an den Bauer zu rücken, so
bekommt der Thurm Feld, und die Partie wird ge=
wonnen; er zeigt es dem Sultan, und dieser wirft
gleichgültig das Spiel über den Haufen. Al=Hafi
soll Geld schaffen, er soll bei Nathan, seinem Freunde,
borgen, d. h. er soll, wie er die Sache sieht, den
Freund ausplündern helfen.

Alles Schein! Freigebigkeit und Wohlthun und
Schachspiel! Sittah gewinnt, Saladin verliert zum
Schein. Das soll ein Anderer ertragen, als der
Derwisch, der den Scheinwerthen der Welt so gründ=
lich feind ist. Verstimmt und ärgerlich ist er schon,
er ist sich schon entfremdet, er wird noch ein Men=
schenfeind werden, wenn er nicht bei Zeiten in sein
freies Element zurückkehrt. Und mit eins ist er
auf und davon. Nur von Nathan nimmt er Ab=
schied; am liebsten nähme er ihn mit sich in die
philosophische Einsamkeit.

Es gibt Worte, die den Menschen aussprechen,
so wahr und eigenthümlich kommen sie aus dem
Innersten der Seele. Und wenn ich mit einem
seiner Worte diesen Derwisch bezeichnen sollte, mit

einem Worte, das ganz er selbst ist, und das ihn
mir so lebendig vorstellt, als ob ich ihn hörte, so
ist es der Ausdruck seiner Sehnsucht, wie er von
Nathan Abschied nimmt: „am Ganges, am
Ganges nur gibt's Menschen!"

Ja, Nathan hat Recht, wenn er ihm nachruft:

> Wilder, guter, edler —
> Wie nenn' ich ihn? — Der wahre Bettler ist
> Doch einzig und allein der wahre König!

Doch hat auch in dem Derwisch die Weltent=
sagung noch etwas, das sie lähmt und bei allem
Kraft und Freiheitsgefühl unpraktisch macht. In
einer gewissen Rücksicht müssen wir auch diesen Typus
der Weltentsagung noch neben den Klosterbruder
und den Tempelherrn stellen.

Die Probe ächter Selbstverleugnung ist die Welt=
überwindung, nicht die Weltentfremdung. Sich der
Welt entfremden heißt im Grunde die Selbstver=
leugnung sich leicht machen, und das ist zuletzt ein
Mangel an Selbstverleugnung. Und darin, so ver=
schieden sie sind, vergleichen sich diese drei Charaktere,
der Tempelherr, der Klosterbruder und der Derwisch:
daß sie die Probe der ächten Weltentsagung nicht

bestehen, daß ihre Selbstverleugnung in der Welt=
entfremdung befangen bleibt, daß sie die dem Men=
schenleben abgewendete Einsamkeit begierig aufsuchen.
Der Tempelherr fühlt sich gern melancholisch: „mach'
mir die Palmen nicht verhaßt, worunter ich so gern
sonst wandle!" Der Klosterbruder verlangt des
Tags wohl hundertmal auf Tabor. Und der Der=
wisch ruft voller Sehnsucht: „am Ganges, am
Ganges nur gibt's Menschen!"

Hier ist die Weltentsagung noch auf der Flucht
vor der Welt. Und in dieser Richtung verhält sich
die Menschenliebe gerade umgekehrt, als in der Kör=
perwelt die Anziehung, die mit der Entfernung ab=
nimmt. Diese Menschenliebe wächst mit der Ent=
fernung. Sie wird erst frei in der Wüste; mitten
unter Menschen, wo doch ihr eigentliches Feld seyn
sollte, wird sie verstimmt, so verstimmt, daß sie
leicht in ihr Gegentheil umschlagen könnte. Das
ist, was der menschenkundige Nathan bei seinem
Freunde fürchtet:

Al=Hafi, mache, daß du bald
In deine Wüste wieder kömmst. Ich fürchte,
Grad' unter Menschen möchtest du ein Mensch
Zu seyn verlernen.

X.

Saladin und Sittah.

Wir wollen die Selbstverleugnung und die Welt=
entsagung nicht in einem Winkel der Welt, nicht
in menschenscheuer Flucht, sei es nach dem Tabor
oder nach dem Ganges, sondern auf der Höhe der
Welt sehen, unter ihr das menschliche Treiben. Dann
erst können wir dem Ausspruche Nathans ganz bei=
stimmen: „der wahre Bettler ist doch einzig und
allein der wahre König!" Diese königliche Form der
Selbstverleugnung hat ihren Typus in dem herr=
lichen Saladin.

Noch bevor die Dichtung ihn selbst vor unsere
Augen führt, bringt sie uns den Sultan nahe durch
einige Züge, die sie ihm vorausschickt und die uns
die rein menschliche Natur in Saladin fühlbar machen.
Er hat dem Tempelherrn das Leben geschenkt, weil
ihn die Aehnlichkeit mit dem längst verlorenen Bru=
der gerührt hat. So lebendig ist in seiner Seele
das Bild des Bruders geblieben, so treu hat er das
Andenken an seinen Assad bewahrt; so stark ist in
Saladin die brüderliche Empfindung, daß sie gewal=
tiger ist, als der Haß gegen seine ärgsten Feinde.

Und dieses liebevolle Herz ist weit, — zärtlich und hingebend für die Seinigen, aufopfernd und wohlthätig für alle. „Sein Haus ist groß, denn jeder Bettler ist von seinem Hause."

Welches liebenswürdige Genrebild, wie er mit seiner Schwester Schach spielt, in traulichem Geplauder, mit dem Spiele kaum beschäftigt, ihr jeden Vortheil lassend, halb aus Zerstreuung, halb aus Gefallen, von ihr besiegt zu werden, aus dem Wunsch, an sie zu verlieren. Solche Verluste sind ihm willkommen. Mit vollen Händen geben, ist seine Lust. Schätze bedarf er nur, weil seine Freigebigkeit sie braucht. Erst wenn die Ebbe eintritt, kommt die Sorge, die ihn wenig drückt.

Was fehlt?

Was sonst, als was ich kaum zu nennen würdige?
Was, wenn ich's habe, mir so überflüssig,
Und hab' ich's nicht, so unentbehrlich scheint.

Nur eine Sorge quält ihn ernstlich, nur sie allein bringt ihn aus der Fassung, nicht die Ebbe im Schatz, nicht der Krieg vor den Thoren:

Was von je

Mich immer aus der Fassung hat gebracht:
Ich war auf Libanon bei unserm Vater;
Er unterliegt den Sorgen noch.

Dieses den zärtlichen Neigungen so offene Herz
mag im Stillen auch seine Schicksale und Verluste
erduldet haben; es hat sich männlich gefaßt und
schnell wieder aufgerichtet. Es waren nur seine
Verluste. Mit einem leichten Wort streift er darüber
hin. Wie Sittah ihm die Königin lassen will, die
sie nehmen kann, sagt Saladin: „nein, nein, nimm
nur die Königin, ich war mit diesem Steine nie recht
glücklich. — Fort damit! — Das thut mir nichts!"

In Saladin erscheint die Selbstverleugnung in
ihrer Größe, durch keine Schranken beengt und gedrückt. Auf der Höhe der Macht ist er bedürfnißlos
und einfach. Seine Selbstverleugnung ist gewaltig,
die ganz ungekünstelte und ungezwungene Selbst-
beherrschung, in der sich seine Seele mächtig
und frei fühlt. Von hier kommt ihm die Kraft,
Menschen zu beherrschen. Für jeden Zug in Saladin
hat Lessing ein Wort gefunden, das ihn ganz und
unnachahmlich ausspricht. Dieser Ausdruck seiner
glücklichen, allen Gütern der Welt überlegenen Unabhängigkeit soll wirklich sein Wahlspruch gewesen
seyn:

Ein Kleid, Ein Schwert, Ein Pferd — und Einen Gott!
Was brauch' ich mehr? Wenn kann's an dem mir fehlen?

In dieser großen Seele ist nichts klein, nichts eng und schwächlich. In jedem Zuge athmet eine freie Natur, die befreiend wohlthut und nicht getrübt wird durch einen Schatten dünkelhafter Selbstsucht. Sein Sinn ist offen und empfänglich für alles menschlich Große. Das Edle, wo es sich regt, wird von ihm willig und freudig willkommen geheißen als etwas ihm Verwandtes: im Derwisch die ächte Uneigennützigkeit, in Nathan die tiefblickende Weisheit, in Richard Löwenherz die ritterliche Heldengröße. Da ist keine Scheidewand zwischen dem König und dem Bettler, zwischen dem Muselmann und dem Juden, zwischen dem ritterlichen Sultan und dem ritterlichen Christenkönige. „Wenn du deinen Richard nur loben kannst!" sagt Sittah. Und Saladin:

> Wenn unserm Bruder Melek
> Dann Richards Schwester wär' zu Theil geworden:
> Ha! welch ein Haus zusammen! Ha, der ersten,
> Der besten Häuser in der Welt das beste! —
> Du hörst, ich bin, mich selbst zu loben, auch
> Nicht faul. Ich dünt' mich meiner Freunde werth.
> Das hätte Menschen geben sollen! das!

Und derselbe Mann, der so warm für den christlichen König empfindet, kann zum Derwisch sagen: „Al-Hafi denkt, Al-Hafi fühlt, wie ich!"

Ein solcher, für das ächt Menschliche, wo es sich zeigt, tief empfänglicher Sinn erhebt sich leicht über die Vorurtheile und Befangenheiten der Menschen. Diese Schranken sind nicht für ihn. Er durchschaut die Menschen, darum braucht er sie nicht zu fürchten noch zu meiden. Er gönnt jedem seine Weise. Lebensvoll, wie er selbst ist, will er Leben um sich verbreiten und nähren. Die Fülle des Lebens, die Mannigfaltigkeit seiner Formen ist ihm nicht drückend, sondern erquicklich. Er hat das Talent ächter Toleranz, neidloser Duldung. Das Gute in allen Formen pflegen und entwickeln, ist ihm Bedürfniß und Beruf. Ein wahrhaft fürstliches Wort, das er dem Tempelherrn sagt, ein Wort, in dem ich mir am liebsten diesen Sultan vergegenwärtige:

> Bliebst du wohl bei mir?
> Um mich? Als Christ, als Muselmann: gleichviel!
> Im weißen Mantel, oder Jamerlonk;
> Im Tulban oder deinem Filze: wie
> Du willst! Gleichviel! Ich habe nie verlangt,
> Daß allen Bäumen eine Rinde wachse.

Und treffend ist, was der Tempelherr ihm entgegnet:

> Sonst wärst du auch wohl schwerlich, der du bist:
> Der Held, der lieber Gottes Gärtner wäre.

Den Titel, den ihm seine fürstliche Würde gibt, möchte er nicht bloß zum Schein führen; er möchte seyn, was er heißt: „Verbesserer der Welt und des Gesetzes."

Um diesen Sultan ganz zu verstehen, müssen wir ihn belauschen in seinem Gespräch mit Nathan, wie dieser ihm die Geschichte erzählt von den drei Ringen. Auch den poetischen Zug in dem morgenländischen Fürsten möchte ich nicht übersehen, der sich so naiv ausspricht: „ich bin stets ein Freund gewesen von Geschichten, gut erzählt." Es ist in unserem Saladin etwas von Harun Al Raschid. — Aus eigenem Antriebe würde der großdenkende Saladin, der unter den mannigfaltigen Lebensformen auch die Glaubensformen gern gewähren läßt, schwerlich auf den Einfall gekommen seyn, an Nathan die etwas peinliche Frage zu richten, welcher Glaube der beste sey? Eine solche Frage liegt nicht in seiner Art, am wenigsten, daß er sie wie ein Netz auswirft, um den Juden zu fangen, daß er sie als Mittel braucht zu einer Zwangsanleihe. Es ist sehr fein von Lessing angelegt, daß er nicht Saladin, sondern Sittah dieses Spiel ausdenken läßt. Sie möchte dem Bruder aus der Geldnoth helfen. Da

fällt ihr Nathan ein, der Freund Al-Hafis, der Jude,
dessen Reichthum sie kennt, dessen Tugend und Weisheit man ihr gerühmt hat. Al-Hafi macht sie irre,
er möchte sie überreden, daß Nathan so geizig als
reich sey, und für diesen Fall hat Sittah die ver-
fängliche Frage erdacht. Saladins brüderliche Liebe
läßt sich die Rolle gefallen, die seine Natur mit
Widerstreben annimmt. Er thut es Sittah zu Liebe.
Als eine Falle wird er die Frage nicht brauchen,
er nimmt sie von ihrer ungewöhnlichen, menschlich
bedeutenden Seite als einen großen Gegenstand, der
ihn interessirt. In den Kriegen, die er führt, gilt
die Religion als eine Frage der Macht; in dem Gespräche mit Nathan, in der Frage, die er ihm vor-
legt, will er sie gelten lassen nur von Seiten ihres
Werths. Eine solche auf die Sache selbst gerich-
tete Frage scheint ihm eines Herrschers nicht un-
würdig.

Er ist gespannt, wie Nathan sie lösen wird.
In dieser Spannung hört er die Erzählung von den
Ringen. Der Ring von unschätzbarem Werth be-
deutet die Religion. Nur eine kann die wahre
seyn. So scheint es dem Sultan. So lange die
Geschichte nur von einem Ringe weiß, ist dem Sul-

tan alles einleuchtend. Aber die drei Ringe in der
Hand der drei Söhne, die der Vater gleich geliebt,
diese drei Ringe, die nicht zu unterscheiden seyen:
diese Wendung auf die drei Religionen macht ihn
betroffen. Der ächte Ring sey nicht mehr erweislich,
fast so unerweislich als uns jetzt der rechte Glaube.
Diese Lösung will ihm nicht gefallen, sie ist so gut
als keine.

Dem Sultan in der italienischen Novelle war
es nicht um die Sache, bloß um die Verirfrage zu
thun, die den Juden in die Falle bringen soll. Er
ist begierig, wie sich der Jude aus der Schlinge
ziehen wird. Darum genügt diesem Sultan diese ge=
schickte und fein erdachte Wendung.

Nicht so der Saladin unserer Dichtung, dem es
auf die Sache ankommt, der auf die Lösung brennt,
auf die Entscheidung der großen menschlichen Frage.
Das Gleichniß löst ihm die Frage nicht. Er sieht
den Punkt, wo Sinn und Bild einander wider=
streiten. Die Ringe seyen nicht zu unterscheiden?
Die Religionen sind es, sie sind verschieden bis auf
die Kleidung, bis auf Speis' und Trank. Doch in
einem Punkt sind sie gleich. Jede Religion glaubt
sich die ächte. Dieser Glaube ruht in der Natur

des menschlichen Gemüths auf sehr tiefen Grund=
lagen. Mit einem einzigen Worte zeigt Nathan
dem Sultan diese natürliche Glaubensquelle, welche
in allen Religionen dieselbe ist: „wie kann ich
meinen Vätern weniger als du den dei=
nen glauben?" Die Glaubenstreue hängt auf
das innigste zusammen mit der Familienliebe, der
Altar mit dem Heerd. Dieses Wort greift in die
Seele Saladins, der selbst so zärtlich die Seinigen
liebt. Sein Glaube ist der Glaube seiner Väter.
„Bei dem Lebendigen!" sagt er zu sich selbst, „der
Mann hat recht, ich muß verstummen!"

Die Glaubenstreue, hartnäckig und ausschließend
auf jeder Seite, bringt die Religionen in Streit,
bringt die Söhne mit ihren Ringen in Zwietracht
und zuletzt vor den Richter. Das ist die Lage der
Welt, in der Saladin lebt, selbst als ein Kämpfer
für den Glauben der Seinigen. Hier ist der Punkt,
wo er Nathan mit seiner Erzählung erwartet. Jetzt
handelt es sich um die wirkliche Lösung. Ungeduldig,
in der gespanntesten Erwartung, fällt er ihm in
die Rede.

Und nun der Richter? Mich verlangt zu hören,
Was du den Richter sagen lässest. Sprich!

Er hört, was seine erweiterte Gemüthsart schnell und freudig begreift. Der Streit der Religionen entbindet alle die Leidenschaften, welche das Aechte in der Religion vollkommen verdunkeln. So lange die Söhne ihren Glauben von gegenseitigem Haß nähren, sind ihre Ringe alle drei nicht ächt. „Der ächte Ring vermuthlich ging verloren." — „Herrlich! Herrlich!" ruft Saladin.

Und wie nun der bescheidene Richter statt seines Spruches seinen Rath giebt: jeder möge seinen Ring den ächten glauben, möge die Kraft des Steins in seinem Ring beweisen, durch seine Liebe die Liebe der Andern erwecken, dann werde der Tag der Versöhnung kommen und mit ihm der weisere Richter, der nicht mehr nöthig hat, ein Richter zu seyn, — so wird es dem Sultan Licht und es dringt in seine Seele wie die Stimme Gottes. Er kann nur ausrufen: „Gott! Gott!"

In diesem Worte fühlt sich Nathan ganz verstanden. Jetzt wendet er sich unmittelbar an den Sultan:

Saladin!
Wenn du dich fühltest, dieser weisere
Versprochne Mann zu seyn —

Und hier zeigt sich die reine Wirkung seiner Er=
zählung in Saladins Seele. Er ist nicht berauscht
von dieser Aussicht auf das große Ziel der Zeiten,
von der Aufgabe, die ihn herausfordert; er ist
überwältigt, ergriffen, daß ihm das Wort versagt,
er sieht nur, wie weit er und seine Zeit von dem
Ziele entfernt sind, er fühlt diesem Ziele gegenüber
nur seine Nichtigkeit:

> Ich Staub? Ich Nichts?
> O Gott! — — — Nathan, lieber Nathan!
> Die tausend tausend Jahre deines Richters
> Sind noch nicht um. — Sein Richterstuhl ist nicht
> Der meine. Geh! Geh! Aber sey mein Freund.

Diese Scene zwischen Saladin und Nathan ist
ein Vorbild geworden, das dramatische Dichter zur
Nachahmung gereizt hat, dieses Motiv, welches den
Weltbeherrscher und den Weltweisen einander un=
mittelbar gegenüberstellt. Die größte Nachbildung
dieser Art ist die berühmte Scene zwischen Philipp
und Posa in dem schiller'schen Carlos, zwischen
dem Weltdespoten und dem Weltbürger. Ich gebe
der Scene im Nathan den Vorzug. Je weiter die
beiden Charaktere ihrer Natur nach auseinander
liegen, um so gemachter und imaginärer wird ihre

Berührung. Lessing erreicht mit den einfachsten Mitteln stufenweise die größte Wirkung, und wenn sich zuletzt die Geistesverwandtschaft zwischen Nathan und Saladin enthüllt und als Freundschaft befestigt, so kommt doch nur zum Vorschein, was in der Grundstimmung beider Charaktere angelegt ist. Darum ist die Wirkung des Ganzen so ächt und unwiderstehlich. Wie vortrefflich, wie meisterhaft hat Lessing dieses Gespräch eingeleitet! Der Sultan, der zuerst die Frage wie aus dem Stegreif hinwirft, mit der Laune des Herrschers, mit einem fürstlichen Dilettantismus, der diese schwerste und umfassendste aller Fragen nicht bloß ohne weiteres beantwortet haben will, sondern auch in aller Kürze, so schnell als möglich. „So rede doch! Sprich! — oder willst du einen Augenblick, dich zu bedenken? Gut, ich geb' ihn dir. — Denk nach! Geschwind denk nach!" Jeder Zug — ein Sultan! Und nun von der Bedeutung der Frage ergriffen, wird er immer tiefer in die Sache hineingezogen, je weiter Nathan in seiner Erzählung fortschreitet, bis ihm zuletzt der Sultan ganz verschwindet und er ausruft: „ich Staub! ich Nichts!"

Diese Scene hat eine seltsame Probe bestanden.

Als den 26. März 1842 Lessings Nathan in einer
griechischen Uebersetzung zu Constantinopel vor Grie=
chen und Türken aufgeführt wurde, wunderten sich
zuerst die Türken, daß der Jude mit dem Sultan
so freimüthig umgehe, und zuletzt brachen sie in
Jubel aus über die Erzählung von den drei Ringen.

Noch ein Wort über Sittah, die neben Saladin,
für den sie lebt, in ihrer weiblichen Art so eigen=
thümlich hervortritt und von dem Dichter so spre=
chende Züge empfangen hat, daß wir diesen Charakter
gern etwas näher beleuchten.

In Saladin ist alles großartig. Sittah liebt ihn,
wie nur eine Schwester einen solchen Bruder lieben
kann; sie hat ihre Seele nach diesem Vorbilde ge=
richtet, und der verwandte Geisteszug ist in der
Schwester unverkennbar. Doch hat ihn die Natur
nach weiblichem Maaße etwas verkleinert. Und ge=
rade dadurch wird Sittah nicht bloß eine Wieder=
holung, sondern eine Ergänzung Saladins. In seiner
großen Weise zu denken und zu empfinden übersieht
Saladin leicht das Kleine, das ihm im Wege steht,
das ihm zu armselig scheint, um es zu beachten.

Und eben im Kleinen ist Sittah scharfblickender, men=
schenkundiger, klüger. Die Täuschungen und Ver=
legenheiten bleiben für Saladin nicht aus. Sittah
läßt sich weniger täuschen. Ihre Vorsorge, ihr Ur=
theil, ihr Rath kommen dem Bruder hülfreich ent=
gegen und zuvor. So führt sie im Kleinen eine
Art Herrschaft über Saladin, welche dieser so gern
erträgt, so gern einräumt. Sie tauschen beide ihre
Schwächen aus, und das giebt dem geschwisterlichen
Verkehr, der nicht inniger seyn kann, den liebens=
würdigen, herzlich humoristischen Ton. Die Verbrü=
derung mit Richard Löwenherz war ein Lieblings=
gedanke Saladins; Sittah hat des schönen Traumes
gleich gelacht, sie kennt die Christen besser und ihren
Glaubensstolz, sie sieht die Dinge schärfer als Sa=
ladin, zugleich empfindet sie kleiner, sie ist erbittert
gegen jenen Glaubensstolz, was Saladin nicht ist,
der diesen Stolz unter die vielen „Armseligkeiten"
rechnet, die er übersieht.

Mit Saladins Freigebigkeit schließt Sittah's Spar=
samkeit einen heimlichen, dem Bruder selbst ver=
borgenen Bund. Und wie sie spart, ist sehr be=
zeichnend. Sie spart, was sie dem Bruder im Spiele
abnimmt, und das weibliche Talent zu sparen scheint

bei ihr verbunden mit der weiblichen Neigung zu ge=
winnen. Mit dem Spiele selbst nimmt sie es eben
nicht sehr genau, die Zerstreutheit Saladins kommt
ihr zu statten, und am Ende läßt sie sich gern ge=
fallen, daß Saladin seine Partie vor der Zeit für
verloren hält; so gewinnt sie mit einem kleinen Be=
truge, in der besten Absicht der Welt, damit Geld
in die Sparkasse fließe.

Sittah's Charakter ist bei weitem so einfach nicht,
als der Saladins. Eine Menge weiblicher Züge,
die sich kaum bemerkbar machen, spielen in ihre
Motive hinein; sie handelt so, daß sie unter einem
Hauptinteresse der edelsten Art einige kleine Neben=
interessen mitbefriedigt. In dieser Klugheit besteht
ihre List. Und es gehört zu ihrer Befriedigung,
mit einiger List zu handeln. Wir haben schon eine
Probe davon kennen gelernt. Der Geldverlegenheit
Saladins muß abgeholfen werden. Das ist im
Augenblick ihr Hauptzweck. Er würde am leichtesten
erreicht werden durch eine Anleihe bei Nathan. Zu=
gleich interessirt es Sittah, bei dieser Gelegenheit
den Mann kennen zu lernen, von dem sie so viel
gehört hat. Sie weiß bereits, daß er so eben von
weiten Reisen zurückgekehrt ist. Ich glaube, bei=

läufig gesagt, sie ist etwas neugierig. Aber wie
Al-Hafi ihn darstellt, scheint der Jude in Geldsachen
schwierig zu seyn. Sittah macht schnell ihren Plan,
der auf beide Seiten paßt: auf den weisen Nathan
ebenso gut als auf den geizigen. Sie ersinnt jene
Frage, die Saladin ihm vorlegen soll, als eine
Falle für den geizigen, als eine Aufgabe für den
weisen Juden. Und wie nun Nathan selbst erscheint,
möchte sie am liebsten im Nebenzimmer horchen.
Wo ihr Interesse erregt ist, erwacht ihre Neugierde.

Bei dem Gespräch zwischen Saladin und dem
Tempelherrn bleibt sie zugegen, unter ihrem Schleier
verborgen. Sie will selbst die Züge des Tempelherrn mit dem Bilde Assads vergleichen. So erfährt sie, was der Tempelherr dem Sultan anver-
traut, die Geschichte Recha's und die Leidenschaft,
welche den Ritter verzehrt. Dieser hat Wohlgefallen
gefunden in den Augen Sittah's; sie wird seine
Leidenschaft begünstigen, und damit Nathan nicht
ein Recht geltend mache, das er nicht hat, will sie
Recha selbst in ihren Schutz nehmen. Saladin soll
das Mädchen holen lassen, damit sie dem unrecht-
mäßigen Vater entzogen werde. Bloß deßhalb?
Sittah hat dabei noch ein anderes Interesse, ein

ächt weibliches, das ganz zu ihr paßt: sie möchte das Mädchen sehen, das der Tempelherr liebt. Sie gesteht es auch offen.

> Die liebe Neubegier
> Treibt mich allein dir diesen Rath zu geben,
> Denn von gewissen Männern mag ich gar
> Zu gern, so bald wie möglich, wissen, was
> Sie für ein Mädchen lieben können.

Und Saladin kann seiner Sittah nichts abschlagen. „Nun so schick' und laß' sie holen!" An diesem Zuge erkenne ich Sittah. Wäre sie jünger, so könnte der Tempelherr ihr gefährlich werden, denn er gehört zu den „gewissen Männern." Jetzt will sie nur das Mädchen kennen lernen, das er liebt, um sie ihm zu geben, damit er nicht vor Liebe stirbt. Und hier entdecke ich in unserer Sittah noch ein liebenswürdiges Talent, das dem Tempelherrn zu gute kommen möge: sie wird eine vortreffliche Tante seyn!

Unter dem Eindrucke Saladins, der uns die Seele erweitert, haben wir kaum bemerkt, daß diese großartige Natur auch ihre Mängel hat, ich meine nicht jene allgemeinen Mängel, welche die menschlichen Schranken überhaupt mit sich bringen, son-

dern solche, die in dieser eigenthümlichen Charakter-
art liegen, die eine Mitgift dieser Größe sind,
einen natürlichen Bestandtheil derselben bilden; ohne
welche Saladins Persönlichkeit nicht den Zauber hätte,
der uns erquickt. Indessen wollen wir uns auch
von Saladin nicht blenden lassen.

Er hat sich die Herrschergröße errungen, die für
sein Naturell paßt. Schicksal und Anlage sind bei
Saladin in vollem Einklang, er darf seinen Neigungen freien Lauf lassen, er folgt ihnen, ohne viel
zu grübeln, seine natürliche Erhabenheit nimmt von
selbst die Richtung ins Große. Die Wurzel seines
Charakters ist zuletzt dieser natürliche Adel seiner
Gesinnung. Von hier geht seine Selbstverleugnung
aus; tiefer entspringt sie nicht. Was seinen natürlichen Neigungen widerstreitet, dazu würde sich dieser
Saladin kaum entschließen können; an dieser Macht
endet, wie mir scheint, seine Selbstverleugnung. Die
Freigebigkeit ist seine Neigung, seine Leidenschaft.
Diese Leidenschaft zu hemmen, würde er sich über-
winden müssen; die Sparsamkeit, ich meine die weise,
würde hier eine Probe ernstlicher Selbstverleugnung
seyn; ich glaube nicht, daß er diese Probe besteht.

Die menschlichen Leidenschaften sind maßlos, auch

die edelsten. Es ist das richtige Maß, das wir bei
Saladin vermissen. Aus Neigung ist er freigebig
ins Maßlose, aus Neigung ist er duldsam: er ist
es, weil er nicht anders kann, weil es in beiden
Fällen seiner Natur widerstreiten würde, das Gegen=
theil zu seyn.

In seiner Freigebigkeit hat er keine Gründe und
will keine haben. Im Gegentheil, er will einen
Schatzmeister, der giebt, ohne nach der Ursache des
Mangels zu fragen. Nach dieser Ursache die Gabe
abwägen, nennt Saladin „filzig."

In seiner Duldsamkeit ist er sich der Gründe
nicht bewußt. Es ist wohl zum erstenmal in seinem
Gespräche mit Nathan, daß er die Frage aufwirft
nach dem innern Werth der Religionen. Wenn er
zu Nathan sagt: „laß mich die Gründe wissen, die
Deine Wahl gelenkt, damit ich sie zu meinen mache,"
— so ist er im Ernst dieser Gründe bedürftig, und
zugleich zeigt diese Frage, daß er von den Grund=
lagen und der Natur des menschlichen Glaubens
die unreifste Vorstellung hat. Als ob der Glaube
ein Ding wäre, das man erst begutachten, dann
wählen könnte! Und wenn Nathan in seiner Erzäh=
lung aus der Quelle der Religion die ächte Duldung

rechtfertigt, so würde diese große Wahrheit den Sultan kaum so tief erschüttern, wenn sie ihm nicht ganz neu wäre.

Was diesem Saladin fehlt und nach seinem ganzen Charaktertypus fehlen muß, ist die Tiefe der Einsicht, die Besonnenheit, welche die Neigungen bemeistert, die Sophrosyne, wie sie die Alten nannten: die Weisheit, deren Mangel auch in der edelsten Natur eine Unreife ist, an der die Früchte leiden.

Eine Natur, die auf Neigungen beruht, sie seien noch so großartig, ist nie so sicher, daß sie nicht in Augenblicken sich selbst entfremdet werden könnte; und wenn ich hörte, daß dieser Sultan auch seine despotischen Anwandlungen hat, seine gewaltthätigen Ausbrüche, wo ihn die Leidenschaft bewältigt und bis zur Ungerechtigkeit fortreißt, so würde ich auf Grund dieses Charakters, wie ich ihn hier kennen gelernt, nicht widersprechen. Hat doch den gefangenen Tempelherrn vor der Rache Saladins nichts geschützt, als die Aehnlichkeit mit Saladins Bruder. Und er selbst sagt von sich:

> Leider bin
> Auch ich ein Ding von vielen Seiten, die
> Oft nicht so recht zu passen scheinen mögen.

XI.

Nathan und Recha.

Diese eine Bedingung fehlt noch, um die Selbstverleugnung und Menschenliebe auf sicherem Grunde
zu haben: daß sie nicht auf beweglichen Neigungen,
sondern auf ächter Weisheit und Menschenkenntniß
beruht, die sich selbst nicht untreu werden kann.
Dann erst ist die Selbstverleugnung eine wirkliche Tugend, durch ihre Menschenkenntniß geschützt gegen
die Weltentfremdung, durch ihre Weisheit gegen
jede Verblendung der Leidenschaft, gegen jedes Un-
maß der Neigung, gegen jede Entartung in Thorheit. Wir erheben uns damit auf die Höhe der
Dichtung. Der Charakter steht vor uns, auf den
die andern wie in einer Stufenleiter hinweisen.
Was in der Aufopferungsfähigkeit des Tempelherrn
und in seiner Freiheit vom Glaubensdünkel, was
in der Demuth des Klosterbruders, in der Uneigennützigkeit und Weltentsagung des Derwisch, in der
Freigebigkeit und Großheit Saladins Aechtes ent-
halten ist: alle diese Züge vereinigen sich in Nathan
unter der Herrschaft der Einsicht und Weisheit.

Nur mit einem Charakter unserer Dichtung hat Nathan nichts gemein, mit dem Patriarchen. Selbst die glaubenseitle Daja, die auf den Juden herab= sieht, muß ihn bewundern: „wer zweifelt, Nathan, daß Ihr nicht die Ehrlichkeit, die Großmuth selber seid?" Die Andern alle werden unwiderstehlich von ihm angezogen und fühlen sich jeder in seiner Weise ihm verwandt. „Wir müssen Freunde seyn," sagt der Tempelherr. „Sei mein Freund!" bittet der Sultan. „Ihr seid ein Christ, bei Gott! Ihr seid ein Christ!" ruft der Klosterbruder. Ihn allein möchte Al=Hafi mit an den Ganges nehmen. Seine Freundschaft für Nathan ist so groß, daß der grundehrliche Derwisch, um ihn vor der Anleihe zu schützen, sogar diese Freundschaft vor Saladin und Sittah verleugnet, Ausflüchte macht und zweideutig von Nathan redet. Doch läßt er aus der Maske des Geizes, womit er ihn schützen will, den reinen Menschenfreund hervorblicken, den er gar nicht ver= hehlen kann, so erfüllt ist er von diesem edlen Bilde:

Da seht nun gleich den Juden wieder,
Den ganz gemeinen Juden! Glaubt mir's doch!
Er ist auf's Geben euch so eifersüchtig,

So neidisch! Jedes Lohn von Gott, das in
Der Welt gesagt wird, zög' er lieber ganz
Allein. Nur darum eben leiht er keinem,
Damit er stets zu geben habe. Weil
Die Mild' ihm im Gesetz geboten, die
Gefälligkeit ihm aber nicht geboten; macht
Die Mild' ihn zu dem ungefälligsten
Gesellen auf der Welt. Zwar bin ich seit
Geraumer Zeit ein wenig über'n Fuß
Mit ihm gespannt; doch denkt nur nicht, daß ich
Ihm darum nicht Gerechtigkeit erzeige.
Er ist zu Allem gut: bloß dazu nicht;
Bloß dazu wahrlich nicht.

Dieser Nathan besitzt die Kunst des ächten Ringes,
die Herzen zu gewinnen. Er kennt die Menschen,
er weiß sie auszufinden, er durchschaut ihre Befangenheiten, ihre Vorurtheile und Schranken; und
weil er sie versteht, darum kann er sie dulden. Jede
Befangenheit ist ein Mangel an Läuterung, dieser
Mangel weckt das Bedürfniß, geläutert zu werden;
ein solches Bedürfniß ist eine Fähigkeit, und diese
Fähigkeit darf man lieben. Die Menschen läutern
heißt sie erziehen. Wie wäre eine solche Erziehung
möglich, wenn sie nicht jeden in seiner Weise zu
nehmen, seinen Mangel in Bedürfniß und Fähig-

keit zu verwandeln wüßte? Was wäre Erziehung
ohne Duldung und Liebe? Lessing selbst hat die
Religion als Erziehung des Menschengeschlechtes auf-
gefaßt und aus diesem tiefsinnigen Gedanken, dem
letzten, den er uns hinterlassen, die geschichtliche Noth-
wendigkeit verschiedener Offenbarungs= und Glaubensformen erklärt.

Ein Charaktertypus der Religion in diesem
Sinn ist sein Nathan. In ihm verkörpert sich diese
erziehende Einsicht, die mit der Duldung und Liebe
nothwendig Hand in Hand geht; in ihm ist die
Duldung nicht bloß Sache der Neigung und des
Gefallens, sondern innerster Wille, Charakter, hohe
sittliche Bildung. Eine solche Bildung ist die Frucht
einer vollendeten und reichen Welt= und Lebens-
erfahrung, sie ist deren reifste Frucht. In jedem
Wort und jeder Geberde Nathans soll mir dieser
Ausdruck vollkommenster Reife, wodurch das ehr-
würdige Alter zugleich unbeschreiblich liebenswürdig
wird, entgegenkommen. Seine Urtheile sind aus
dem Vollen der Erfahrung geschöpft, seine Sentenzen
sind erlebte Wahrheiten, die aus dem Herzen kommen,
einfach, natürlich, sicher. Wenn es eine Weisheit
giebt, die herzlicher Art ist, so ist es die Weisheit

Nathans. Diesen Grundton der Herzlichkeit, der gar nichts von der Empfindsamkeit hat, will ich in jedem seiner Worte hören. Am besten beschreibe ich den Ton, den ich herzlich nenne, durch die Wirkung, die er macht: es ist der Ton, dem man glaubt, der in unserem Gemüth unwillkürlich seinen Wieder= klang findet.

Aeußere Welterfahrungen können uns witzigen und klug machen; sie allein können mit allem Reich= thum eine solche sittliche Weisheit nicht erziehen: sie ist das Werk der Selbstläuterung, unser eigenstes innerstes Werk, an dem das Glück keinen Theil hat. Hier berühre ich in Nathan die Wurzeln seines Cha= rakters. Zu dem, was er ist, hat er sich selbst er= zogen; er hat den Kampf der Selbstverleugnung be= standen und ihre schwersten Proben liegen hinter ihm. Er ist aus den Prüfungen des Lebens geläutert her= vorgegangen, und nach dem, was er in sich erfahren und erduldet hat, darf man über diesen Charakter sicher sein: ihm kann die Welt nichts mehr anhaben. Die Christen haben ihm sein Weib und seine sieben hoffnungsvollen Söhne getödtet; seine Rache war, daß er sich eines Christenkindes erbarmte. Er hat nie von dieser That gesprochen:

Euch allein erzähl' ich sie (sagt er zum Klosterbruder).

Der frommen Einfalt
Allein erzähl' ich sie. Weil die allein
Versteht, was sich der gottergebne Mensch
Für Thaten abgewinnen kann. —
Ihr traft mich mit dem Kinde zu Darun.
Ihr wißt wohl aber nicht, daß wenig Tage
Zuvor in Gath die Christen alle Juden
Mit Weib und Kind ermordet hatten; wißt
Wohl nicht, daß unter diesen meine Frau
Mit sieben hoffnungsvollen Söhnen sich
Befunden, die in meines Bruders Hause,
Zu dem ich sie geflüchtet, insgesammt
Verbrennen müssen. — Als
Ihr kamt, hatt' ich drei Tag' und Nächt' in Asch'
Und Staub vor Gott gelegen und geweint.
Geweint? Beiher mit Gott auch wohl gerechtet,
Gezürnt, getobt, mich und die Welt verwünscht;
Der Christenheit den unversöhnlichsten
Haß zugeschworen.
Doch nun kam die Vernunft allmälig wieder.
Sie sprach mit sanfter Stimm': „und doch ist Gott!
Doch war auch Gottes Rathschluß das! Wohlan!
Komm! übe was du längst begriffen hast;
Was sicherlich zu üben schwerer nicht
Als zu begreifen ist, wenn du nur willst.
Steh auf!" — Ich stand! und rief zu Gott: ich will!
Willst du nur, daß ich will! — Indem stiegt ihr

Vom Pferd und überreichtet mir das Kind,
In euren Mantel eingehüllt. — Was ihr
Mir damals sagtet; was ich euch: hab' ich
Vergessen. So viel weiß ich nur: ich nahm
Das Kind, trug's auf mein Lager, küßt' es, warf
Mich auf die Knie' und schluchzte: Gott! auf Sieben
Doch nun schon Eines wieder!

Hier können wir diesen Charakter durchschauen. Seine
Selbstverleugnung ist sein Wille, der in der schwersten Versuchung nicht unterlegen hat. Nach dieser
Versuchung gibt es keine zweite. Dieser Wille fällt
nicht in glücklichem Einklange mit der Neigung zusammen, er ist nicht natürliche Erhabenheit, wie die
Selbstverleugnung Saladins, sondern moralische. In
Nathan hat die Selbstverleugnung alles Unächte ab-
gestreift; sie strauchelt weder über den Stolz noch
über die Furcht, sie verirrt sich weder in die Welt-
verachtung noch in die Weltentfremdung. Wem der
Glaubenshaß so nahe gelegt war, wer ihn so dicht
an seinem Herzen empfunden, der wird selbst den
Glaubenshaß in andern nicht hochmüthig verdammen,
sondern mild beurtheilen: sie haben die Versuchung
nicht oder noch nicht bestanden. Wer so mit sich
und seinen Leidenschaften gerungen hat, dem sind

die menschlichen Leidenschaften verständlich, um so verständlicher, je weniger sie ihn noch befangen. Eine solche Selbstverleugnung ist darum die lauterste Quelle der Menschenkenntniß und Menschenliebe in dem großen Sinn und Umfang der christlichen Tugend. Auf die Bekenntnisse Nathans durfte der Klosterbruder sagen: „Nathan, Ihr seid ein Christ, bei Gott, Ihr seid ein Christ! ein beßrer Christ war nie!"

Warum hat ihn Lessing dennoch zum Juden gemacht?

Das ist die Frage, die man immer wieder aufgeworfen und sehr häufig dem Dichter als Tadel vorgerückt hat. Der Patriarch — ein Christ, und Nathan — ein Jude! So sehr habe Lessing auf Kosten des Christenthums das Judenthum hervorheben, so tief jenes durch dieses erniedrigen und beschämen wollen. Im Patriarchen habe Lessing seinem Haß gegen das Christenthum, im Nathan seiner Vorliebe für das Judenthum Genüge gethan; beim Patriarchen habe er offenbar an seinen Feind, den Pastor Göze, — beim Nathan an seinen Freund, den jüdischen Philosophen Moses Mendelssohn gedacht. Und so erkläre sich zuletzt die Wahl dieser

Charaktere aus persönlichen Stimmungen und Leiden=
schaften des Dichters, der nach alle dem gegen das
Christenthum ähnlich gesinnt war, als in seiner
Dichtung der Tempelherr gegen das Judenthum.
So schief müssen die Urtheile ausfallen, wenn man
von einer so schiefen Idee ausgeht, daß in diesem
Gedicht die drei Religionen personificirt sind. Man
bringe doch diesen Nathan vor eine rechtgläubige
Synagoge und lasse sich sagen, ob der ein Reprä=
sentant des Judenthums ist? Und doch ein Jude!
Ich würde es Lessing zu einem großen poetischen
Fehler anrechnen, wenn er keiner wäre.

Warum ist Nathan ein Jude? Diese Frage richtig
zu beantworten, braucht man weder Lessings Freund=
schaft mit Mendelssohn noch die judenfreundliche
Richtung, die mit der Aufklärung jener Zeit ver=
bunden war; man braucht bloß den Charakter zu
verstehen, den uns die Dichtung vorführt: einen Cha=
rakter in welchem die Duldung aus der Selbstver=
leugnung hervorgeht, in dem sie eigenste, innerste
That, im wirklichen Sinne des Worts Tugend ist.
Sie tritt als solche um so deutlicher hervor, je weniger
sie von Natur und Schicksal und allen den äußeren
Mächten, von denen der Mensch abhängt, begünstigt

worden. Es ist leicht tolerant seyn, wenn ich nie einen Grund zum Gegentheil habe! Die Tugend ist nicht leicht. Sie will erkämpft und errungen sein; sie ist um so ächter, je schwerer der Kampf ist. Soll sich die Duldung im vollsten Sinne des Worts als Tugend zeigen, so will ich sie aus diesem schwersten Kampfe hervorgehen sehen, aus dem Kampfe mit Mächten, die ihr den größten Widerstand leisten; ich will sehen, daß sie die Probe besteht.

Und nun nehme ich eine Religion, die von Natur unduldsam und stolz ist, der Stolz ist nie hartnäckiger als wenn er unterdrückt wird; ich nehme von allen Religionen der Welt diejenige, welche zugleich die stolzeste und die unterdrückteste ist, und jetzt zweifle ich, ob aus diesen Bedingungen noch Duldung hervorgehen kann? Ich denke mir einen Menschen, dem seine Religion erlaubt, sich für auserwählt von Gott zu halten, — den die Welt verdammt, sich von den Menschen verworfen und verachtet zu sehen: wenn seine Seele diesem zwiefachen Drucke erliegt, so muß sie sich nach dem natürlichen Lauf der menschlichen Leidenschaften ganz in Haß und Rache verzehren; es wird sich hier ein Rache=

durst entzünden, der dämonisch und in niedrigen
Naturen so bestialisch wüthet, daß er das Pfund
Fleisch vom Herzen des Feindes losreißt, sei es
auch nur, um „Fische mit zu ködern." Auf diesem
Wege kommt es zu einem Shylock. Und wenn
eine große Seele diese Leidenschaften, die in ihrer
niedrigsten und häßlichsten Ungestalt einen Shylock
bilden, überwältigt; wenn sie ihrem Glauben, der
zugleich der stolzeste und der unterdrückteste ist, die
Duldung abringt, so kommt es zu einem Nathan.
Diese Duldung hat den schwersten Kampf bestanden.
Und was wäre auch die Duldung, wenn sie nicht
geduldet und gelitten hätte? Hier sehe ich, was
sich der gottergebene Mensch für Thaten abgewinnen
kann. Mit dieser Duldung wird er freilich nicht mehr
diesen Glauben repräsentiren; aber die Duldung
wäre leicht, sie wäre nicht was sie ist, wenn er diesen Glauben gering schätzte, wenn er innerlich nichts
mit ihm gemein hätte. Er fühlt ihn immer noch
als den seinigen, als den Glauben seines Volks und
seiner Väter, mit dem er durch tausend unlösbare
Bande verknüpft ist. Er repräsentirt das Judenthum
nicht, aber er ist ein Jude und bleibt einer. Nicht
weil das Judenthum die Religion der Duldung, son-

dern weil es das Gegentheil ist: darum ist Nathan
ein Jude. Wer möchte diesen Nathan, wenn er
ihn richtig versteht, noch anders wollen? Ihn be-
zeichnet der bewundernde Ausruf des Tempelherrn:

Welch' ein Jude —
Und der so ganz nur Jude scheinen will! [1]

Die Selbstverleugnung will ich vor mir sehen unter
Bedingungen, die sie auf das Aeußerste erschweren

[1] Sehr fein bemerkt Strauß in dem angeführten Vortrage
(S. 51) bei dieser Stelle: „Dieß ist auch ein Wink für den
Schauspieler; freilich nicht in Nathans Sprache den jüdischen
Dialekt anklingen zu lassen, wie dieß mit grober Verkennung
zwischen dem idealen Schauspiel und der Komödie schon geschehen ist; aber eine gewisse Schlauheit, die Menschen herum-
zuholen, ein sich Schmiegen und Kleinmachen, um seine Zwecke,
die freilich bei ihm die reinsten und höchsten sind, zu erreichen,
auch in seiner Ausdrucksweise neben der dialektischen Schärfe
eine Neigung zu Bild und Gleichniß, sind ächt orientalisch-
jüdische (letzteres allerdings auch wieder persönlich lessing'sche)
Züge, die der in Nathan dargestellten Idee zu einer sehr be-
bestimmt ausgeprägten Verkörperung verhelfen. Erinnerte uns
oben die Erzählung von den drei Ringen an die Geschichte
mit den drei Kästchen im Kaufmann von Venedig, so wird
man kaum umhin können, bei dem Juden des lessing'schen
Stücks an den des shakespeare'schen, freilich als das reine
Widerspiel von jenem, zu denken. Wie in Shylock der Jude
den Menschen nahezu aufgezehrt hat, so ist bei Nathan der
Jude bis auf wenige formelle Spuren im Menschen aufgegangen."

und darum erproben, die Selbstsucht dagegen unter
Bedingungen, die sie begünstigen. Soll ein Charakter dargestellt werden, in welchem der Glaube bloß
als Werkzeug der Selbstsucht erscheint, so ist jede
Religion als solche zu gut, um durch einen Charakter dieser Art repräsentirt zu werden. Er repräsentirt nicht eine Art der Religion, sondern eine Art
des Egoismus, der sich hinter den Glauben ver-
schanzt. Solche Charaktere halten es nur mit dem,
was herrscht; der Glaube, bei welchem die äußere
Macht ist, dieser Glaube ist der ihrige. Und so wird
sich der Typus einer solchen Selbstsucht am ehesten
finden in einer Religion, welche das größte Ansehen
hat, bekleidet ist mit der imposantesten Macht, selbst
eine Classe zur Herrschaft priveligirt und hier die
Bedingungen ausbildet, welche leicht den selbstsüchtigen Sinn anlocken und begünstigen. In einer Religion, welche herrscht, in welcher die Priester herrschen, unter diesen selbst finden sich leicht die Bedingungen, welche die Selbstsucht nicht etwa erzeugen, sondern welche diese ergreift und sich dienstbar
macht. Wir werden deßhalb nicht meinen, daß eine
solche Religion bloß Priesterherrschaft, daß eine solche
Priesterherrschaft nichts sei als Egoismus. Wir wissen

zu gut, daß die Herrschaft in der Welt ein sehr be=
wegliches Ding ist, daß die Selbstsucht diesem Zuge
folgt, jetzt in dieser Richtung, jetzt in der entgegen=
gesetzten, daß derselbe Egoismus in denselben Men=
schen sich heute hierarchisch geberdet und morgen
schon eben so dreist unter dem Beifall der herr=
schenden Tagesmeinung die Rolle des äußersten
Gegentheils annimmt. Wir erleben genug solcher
Beispiele der charakterlosesten Art und sind weit
davon entfernt, für diese Sorte von Patriarchen,
die sich nicht bloß bei einer Partei finden, irgend
eine Glaubensform verantwortlich zu machen.

Es ist mir darum sehr klar, warum Lessing den
herzlosen Glaubensegoisten zum Patriarchen und Na=
than zum Juden gemacht hat. So forderten es die
Charaktere, die er darstellen wollte. Daß er dabei
manche ihrer Züge nach dem Leben gezeichnet, na=
mentlich in dem Patriarchen einige Verwandtschaft
mit dem hamburger Hauptpastor entdeckt hat, kommt
dem dramatischen Dichter zu Gute, und er ist deß=
halb keineswegs aus der Rolle gefallen.

Doch kehren wir zu Nathan zurück. Was er be=
griffen und geübt hat, wird er in dem Kinde er=
ziehen, das ihm die sieben hoffnungsvollen Söhne

erſetzen ſoll. Die Frucht dieſer Erziehung iſt Recha.
Sie iſt, was Nathan aus ihr gebildet, wozu ihre
empfängliche und reine Seele ſich unter ſeiner Hand
entwickelt hat. Die weiſe und richtige Erziehung
macht unſre zweite Natur aus der Anlage der erſten,
ſie will nicht abrichten, ſondern entwickeln, ſie will
das Aechte in der menſchlichen Seele von allem Un=
ächten, womit es vermiſcht iſt, befreien und ver=
edelt zum Vorſchein bringen. So hat Nathan dieſe
Recha erzogen. In ihr erſcheint die Selbſt=
verleugnung, die in der Liebe aufgeht, als
ihre zweite, unzerſtörbare Natur: als eine
Natur, nicht als eine im ſchweren Kampf errungene
Tugend. Was Nathan aus den ungünſtigſten Be=
dingungen in ſich ſelbſt hervorbringt, das entwickelt
ſich unter den günſtigſten Bedingungen in der Seele
Rechas. Nathans Tugend entſpringt aus der größten
Selbſtüberwindung, aus dem Siege über die glaubens=
ſtolze und unterdrückte Religion, die ihn erzogen,
über den natürlichen Rachedurſt, den leidensvolle
Schickſale in ihm entflammt haben. Rechas Tugend
folgt von Anbeginn der Stimme des zärtlichſten und
liebreichſten Vaters, der alles thut, um mit weiſer
und ſorgſamer Hand dieſe Blüthe zu pflegen. Sie

wird nicht als Jüdin, sondern als die Tochter Nathans erzogen. Sie kennt Nathan nur als ihren Vater, sie kennt die Welt nur in ihm. Ihm ist sie ganz ergeben, in seiner Hand fühlt sich ihre Seele ganz heimisch und allen Vorstellungen fremd, die sie von Nathan abziehen, für einen andern Glauben, für eine andere Heimath gewinnen möchten. Jedem Worte Nathans öffnet sich Rechas Herz unwillkür- lich; unwillkürlich verschließt es sich den Vorstellungen Dajas.

> Wenn mein Vater dich so hörte!
> Was that er dir, mir immer nur mein Glück
> So weit von ihm als möglich vorzuspiegeln?
> Was that er dir, den Samen der Vernunft,
> Den er so rein in meine Seele streute,
> Mit deines Landes Unkraut oder Blumen
> So gern zu mischen? — Liebe, liebe Daja.
> Er will nun deine bunten Blumen nicht
> Auf meinem Boden! — Und ich muß dir sagen,
> Ich selber fühle meinen Boden, wenn
> Sie noch so schön ihn kleiden, so entkräftet,
> So ausgezehrt durch deine Blumen; fühle
> In ihrem Dufte, sauersüßem Dufte
> Mich so betäubt, so schwindelnd!

Nathans väterliche Liebe für Recha läßt sich erkennen aus der Gegenliebe, die sie erzeugt, aus

Rechas kindlicher Liebe zu ihm. Sie lebt in ihrem
Vater. In ihm hat sie ihre Welt, ihren Glauben,
ihre Heimath; sie empfindet ihn wie ihren Genius.
Mit ihm vereinigt, fühlt sie sich heimisch, geborgen,
glücklich; von ihm getrennt, ist sie wachend und träu=
mend mit ihm beschäftigt, ihre Einbildungskraft folgt
dem Entfernten auf seinen Reisen, ihre Seele zit=
tert bei den Gefahren, die ihm drohen, der Ge=
danke an Nathan steigert ihr Empfindungsvermögen,
sie ahnt seine Nähe, sie fühlt seine Rückkehr schon
voraus und ihre Seele eilt, gleichsam den Körper
zurücklassend, ihm entgegen.

> Diesen Morgen lag
> Sie lange mit verschlossenem Aug' und war
> Wie todt. Schnell fuhr sie auf und rief: „horch! horch!
> Da kommen die Kameele meines Vaters!
> Horch! seine sanfte Stimme selbst!"

In der Wiedervereinigung mit ihm hat Recha
nur einen Wunsch: „ach mein Vater! laßt, laßt
eure Recha doch nie wiederum allein!"

Wir können schon hier in die Gemüthsverfassung
und Grundstimmung Rechas deutlich hineinblicken.
Der Zug der Hingebung und Selbstverleugnung ist
in ihr so naturmächtig, daß er bis zum Verluste

des Selbstgefühls fortgeht, daß sie sich ganz in ihre
Sehnsucht verliert, in ihre Empfindungen mit dem
innersten Selbst aufgeht, mit allen Kräften einer
jugendlich aufblühenden Phantasie an dem Gegen=
stande ihrer Sehnsucht hängt, nur für diesen Gegen=
stand lebt, der in ihrer losgebundenen Einbildungs=
kraft sich über alles andere erhebt. Eine solche bis
zum Verluste des Selbstgefühls gesteigerte Hingebung
ist schon excentrisch. In einer solchen Gemüthsver=
fassung hört das nüchterne Beurtheilen der Dinge
auf und weicht jenem gesteigerten Phantasiren, wel=
ches die Richtung der Schwärmerei nimmt.

Und nun denke man sich diese Recha plötzlich
bedroht von der Gefahr des Feuertodes, aus dieser
Gefahr plötzlich gerettet durch einen Fremdling, in
einem Augenblick, wo alle menschliche Hülfe umsonst
scheint: sie geht auf in die Empfindung einer un=
begrenzten Dankbarkeit, dieses Gefühl bemächtigt sich
ihrer frommen zur Schwärmerei geneigten Einbil=
dungskraft, ihre Lebensrettung erscheint ihr als ein
Wunder, das Gott an ihr gethan, nicht durch
Menschenhand, sondern auf wunderbare Weise, durch
einen Engel, den er zu ihrem Schutze gesendet; so
steigert sich in ihrer Phantasie der Tempelherr zu

einer Engelserscheinung, in der Gott sich ihr gnädig bewiesen. Und ihr heißester Wunsch ist, diese Erscheinung möchte ihr noch einmal wiederkehren, um ihren Dank zu erhören.

Man muß sich in die Seele Rechas hineindenken können, um an dieser Stelle ihren Engelglauben richtig zu deuten. Solchen reinen Naturen thut es wohl, dankbar zu seyn, mit einer dem Gefühle nachgiebigen Phantasie ihre Dankbarkeit ins Unbegrenzte zu steigern, die empfangene Wohlthat über die gewöhnlichen Bedingungen, unter denen Wohlthaten gegeben und empfangen werden, hoch zu erheben. Es liegt in der Natur ächter Dankbarkeit, daß sie sich den Wohlthäter veredelt; sie empfindet eine Genugthuung darin, daß sie ihren Gegenstand erhöht, in der reinsten und höchsten Form vorstellt, die Wohlthat aus den edelsten und seltensten Quellen herleitet. Diese Vorstellung selbst ist eine Wirkung und ein Beweis der dankbaren Gesinnung und darum dem dankbaren Gemüthe so wohlthuend. Aus dieser Quelle stammt schon in den Kindern der Glaube an das Christkind. Die Kritik der Wohlthat wird leicht die Vorrede des Undanks. Keiner unter den menschlichen Empfindungen steht es so wohl, unkritisch zu seyn, als der Dankbarkeit.

Rechas Engelglaube, rein menschlich beurtheilt, ist die Schwärmerei ihrer Dankbarkeit. Mit diesem Triebe mischt sich in ihrer Seele kein anderer. Wenn sie diesen Drang befriedigt, so wird ihre Seele ruhig werden. In dieser Seele, kindlich wie sie empfindet, ist es darum unmöglich, daß sich aus dem Glauben an den Engel eine Leidenschaft für den Tempelherrn entwickelt. Wäre dieß möglich, so würde in jenem Glauben schon ein Zug dieser Leiden= schaft verborgen seyn, und die Dankbarkeit wäre nicht mehr die einzige Quelle; dann wäre ihr Engelglaube komisch, eine Schwärmerei, die mit der Heirath aufhört; jetzt ist er rührend. Daja, welche Recha nicht versteht, sieht in ihrem Engel= glauben eine Leidenschaft für den Tempelherrn auf= keimen und möchte jene Schwärmerei gern in diese Richtung lenken, mit der ihre eigenen Wünsche zusammengehen, aber sie verrechnet sich ganz in der Natur Rechas. Diese selbst fühlt voraus, daß ihre Sehnsucht gestillt seyn wird, wenn sie ihrem Lebensretter gedankt hat. Die Dankbarkeit wird bleiben, die leidenschaftliche Sehnsucht wird aufhören: sie fühlt es voraus, und in der That so ist es.

Und wenn er nun
Gekommen dieser Augenblick; wenn denn
Nun meiner Wünsche wärmster innigster
Erfüllet ist: was dann? — was dann?
Was wird dann
In meiner Brust an dessen Stelle treten,
Die schon verlernt, ohn' einen herrschenden
Wunsch aller Wünsche sich zu dehnen? — Nichts?
Ach, ich erschrecke!

Und wie sie ihn gesehen, gesprochen, ist sie selbst
befremdet, „wie auf einen solchen Sturm in ihrem
Herzen so eine Stille plötzlich folgen können.“

Er wird
Mir ewig werth, mir ewig werther, als
Mein Leben bleiben, wenn auch schon mein Puls
Nicht mehr bei seinem bloßen Namen wechselt,
Nicht mehr mein Herz, so oft ich an ihn denke,
Geschwinder, stärker schlägt. —
Nun werd' ich auch die Palmen wieder sehn:
Nicht ihn bloß unter'n Palmen.

Rechas Schwärmerei ist der aufrichtige Ausdruck
ihrer Selbstverleugnung und Hingebung und doch
zugleich ein Phantasiegenuß, der die Selbst=
verleugnung entkräftet, weil er ihr die Probe er=
spart. In ihrem Engelglauben ist die Dankbarkeit

das innerste Motiv; aber gerade in diesem Glauben wird die Dankbarkeit, was sie am wenigsten seyn möchte, wirkungslos und ohnmächtig. Bewähren und erproben kann sich die Selbstverleugnung, wie die Dankbarkeit, nur in der Menschenliebe. Hier liegt die Gefahr nahe, daß sich der Engelglaube auf Kosten der Menschenliebe geltend macht; die Opfer der Phantasieandacht, welche der Engelglaube fordert, sind leicht; die Opfer des Wohlthuns, welche die Menschenliebe fordert, sind schwer. Es liegt die Gefahr nahe, daß man sich mit einem leichten Opfer, welches so gut ist als keines, die schweren, welche allein die wirklichen Opfer sind, erläßt; es liegt die Gefahr nahe, daß zuletzt dieser Engelglaube dem eitlen Menschensinn unbewußt schmeichelt, dem die Rettung durch einen Engel vornehmer scheint, als die durch einen Menschen gewöhnlicher Art.

> Stolz! und nichts als Stolz! der Topf
> Von Eisen will mit einer silbern Zange
> Gern aus der Gluth gehoben seyn, um selbst
> Ein Topf von Silber sich zu dünken.

Bei einem solchen Glauben würde die Selbstverleug=nung sich völlig entwerthen.

Diese innern Widersprüche sind natürlich der

Seele Rechas verborgen. Sie verliert sich in ihre
Empfindungen, sie vergißt sich selbst, und gerade
darum fehlt ihr die Selbstprüfung, die jene
Widersprüche entdeckt und einsieht. Hier bedarf sie
Nathans Führung und seinen erziehenden Einfluß,
dem sich ihr Gemüth willig öffnet.

Und wie sicher versteht es Nathan, den Engelglauben Rechas von der Schwärmerei zu heilen, in
seinem ächten Kern zu ergreifen und in die richtige
Bahn zu lenken. Wie menschenkundig, wie schonend
und liebevoll geht er zuerst auf die Vorstellungen
Rechas ein, um sie zuletzt mit aller Strenge zu
richten. Mit einer väterlichen Schmeichelei, die seine
ganze Zärtlichkeit für Recha ausdrückt, nimmt er
zuerst die Engelserscheinung auf: „Recha wär' es
werth und würd' an ihm nichts Schön're sehen
als er an ihr!"

Er läßt ihr gern den Engel und läßt ihr gern
das Wunder, doch könnte dieser Engel auch ein
Mensch und dieses Wunder auch eine Begebenheit im
natürlichen Zusammenhang der Dinge gewesen seyn:

> Der Wunder höchstes ist,
> Daß uns die wahren, ächten Wunder so
> Alltäglich werden können, werden sollen.

Und war dieser Engel ein wirklicher Tempelherr, den
Saladin um einer Aehnlichkeit willen begnadigt hatte,
so ist die Begebenheit, so natürlich sie sich erklärt,
doch eine außerordentliche Fügung —

> Ein Wunder, dem nur möglich, der die strengsten
> Entschlüsse, die unbändigsten Entwürfe
> Der Könige, sein Spiel — wenn nicht sein Spott —
> Gern an den schwächsten Fäden lenkt.

Um einer Aehnlichkeit willen schenkt Saladin
dem Tempelherrn das Leben, und dadurch wird
Rechas Leben gerettet:

> Sieh! eine Stirn, so oder so gewölbt;
> Der Rücken einer Nase, so vielmehr
> Als so geführet; Augenbraunen, die
> Auf einem scharfen oder stumpfen Knochen
> So oder so sich schlängeln; eine Linie,
> Ein Bug, ein Winkel, eine Falt', ein Mal,
> Ein Nichts, auf eines wilden Europäers
> Gesicht: — und du entkömmst dem Feu'r in Asien!
> Das wär' kein Wunder, wundersücht'ges Volk?
> Warum bemüht ihr denn noch einen Engel?

Recha verstummt. Vor ihren Augen selbst zeigt
sich das Wunder um so größer, je weniger es durch
einen Engel geschehen. Ihr selbst muß jetzt die Rettung
durch den Tempelherrn wunderbarer erscheinen als

die durch den Engel. Und nachdem auf diese Weise
Nathan ihren Engelglauben zuerst durch den Wunder=
glauben widerlegt hat, widerlegt er ihn jetzt durch
das natürliche Motiv in Rechas Seele, durch ihre
Dankbarkeit, die den Retter zur Engelserscheinung
gesteigert. Was kann die ächte Dankbarkeit anderes
darbringen wollen, als Opfer, wirkliche Opfer?
Diese Opfer sind ihre Proben. Diese Proben er=
spart ihr der Engelglaube. Sie erspart sie sich selbst
mit dem Engel, dem sie die Rettung schuldig seyn
will, denn ihm ist sie nichts schuldig, was wirkliche
Opfer kostet. „Allein ein Mensch!“ Es liegt
etwas so Ergreifendes, so unwiderstehlich Ueberzeu=
gendes, für Recha so niederschlagend und beschä=
mend Erhebendes in diesem einfachen Worte Na=
thans: „allein ein Mensch!“ Mit jedem Worte
greift Nathan in ihre Seele, und er selbst hat das
Gefühl, daß er aus ihrer Seele redet:

Nicht wahr? dem Wesen, das
Dich rettete, — es sey ein Engel oder
Ein Mensch, — dem möchtet ihr, und du besonders
Gern wieder viele große Dienste thun? —
Nicht wahr? — Nun, einem Engel, was für Dienste,
Für große Dienste könnt' ihr dem wohl thun?

Ihr könnt' ihm danken, zu ihm seufzen, beten,
Könnt' in Entzückung über ihn zerschmelzen,
Könnt' an dem Tage seiner Feier fasten,
Almosen spenden — alles nichts! — denn mich
Deucht immer, daß ihr selbst und euer Nächster
Hiebei weit mehr gewinnt als er. Er wird
Nicht fett durch euer Fasten, wird nicht reich
Durch eure Spenden, wird nicht herrlicher
Durch eu'r Entzücken, wird nicht mächtiger
Durch eu'r Vertrau'n. Nicht wahr? Allein ein Mensch!

Welches weit reichere Feld opferfreudiger Thätig=
keit eröffnet sich jetzt dem dankbaren Willen, wenn
statt des Engels ihm ein Mensch gegeben ist, ein
hülfsbedürftiges, leidendes Wesen, dem gegenüber
die Dankbarkeit sich als Mitleid, Hülfe, Wohlthun,
Aufopferung bethätigen kann! Jetzt erst kommt die
Dankbarkeit zu ihrem wahren Selbstgefühl. Jetzt
erkennt Recha den Irrthum ihrer Schwärmerei: wäh=
rend sie vom Engel träumt und in dieser Vorstellung
sich wohlthut, läßt sie vielleicht den Menschen ver=
derben! Sie erschrickt vor sich selbst. Und jetzt zeigt
ihr Nathan den Weg, den eine dankbare Phantasie
nimmt. Je mehr sie schwärmt, je höher über alle
menschliche Bedingungen hinaus sie sich den Wohl=
thäter träumt, je weniger hülfsbedürftig er ihr er=

scheint, um so kraftloser wird die Dankbarkeit selbst.
Sie wird um so inniger und stärker, je deutlicher
und theilnehmender sie sich im Wohlthäter zugleich
die leidende Menschennatur vorstellt. Das ist die
Phantasie einer wahrhaft dankbaren Seele, die alle
Geister des Mitleids und der Sympathie in uns
aufruft. Ein wirklicher Tempelherr hat Recha gerettet, einigemal noch nach der That hat sie ihn
unter den Palmen des Grabes gesehen, dann ist
er verschwunden, vielleicht erkrankt:

Er ist

Ein Franke, dieses Klima's ungewohnt;
Ist jung, der harten Arbeit seines Standes,
Des Hungerns, Wachens ungewohnt.
Nun liegt er da! hat weder Freund noch Geld,
Sich Freunde zu besolden —
Liegt ohne Wartung, ohne Rath und Zuspruch,
Ein Raub der Schmerzen und des Todes da!
— Er, der für eine, die er nie
Gekannt, gesehn — genug, es war ein Mensch —
Ins Feu'r sich stürzte —
Der, was er rettete, nicht näher kennen,
Nicht weiter sehen mocht', um ihm den Dank
Zu sparen — — — — — — weiter
Auch nicht zu sehn verlangt', es wäre denn,
Daß er zum zweitenmal es retten sollte —

Denn g'nug, es ist ein Mensch —
Der, der hat sterbend sich zu laben, nichts
Als das Bewußtseyn dieser That!

Und wie vor diesem Bilde Recha mit ihrer Engel=
schwärmerei vernichtet zusammensinkt, so richtet sie
Nathan mit den Worten auf: „Recha! Recha! Es
ist Arznei, nicht Gift, was ich dir reiche!"

Er hat sie geläutert und dem richtigen Gefühl
die richtige Bahn gebrochen.

Geh! — Begreifst du aber,
Wie viel andächtig schwärmen leichter, als
Gut handeln ist? wie gern der schlaffste Mensch
Andächtig schwärmt, um nur, — ist er zu Zeiten
Sich schon der Absicht deutlich nicht bewußt —
Um nur gut handeln nicht zu dürfen?

Diese Unterredung Nathans mit Recha ist ein
erziehend belehrendes Gespräch, ein Beispiel, wie er
sie erzieht, wie er sie läutert. Im Laufe dieses
Gesprächs wie weit hat sich Recha von ihrer ersten
Vorstellung entfernt! Als Nathan zuerst zu ihr sagt:

Doch hätt' auch nur
Ein Mensch — ein Mensch, wie die Natur sie täglich
Gewährt, dir diesen Dienst erzeigt: er müßte
Für dich ein Engel seyn. Er müßt' und würde —

widerstrebt Recha mit allem Eifer, ihres Glaubens
kindlich gewiß:

> Nicht so ein Engel; nein! ein wirklicher;
> Es war gewiß ein wirklicher!

Und dagegen ihr letztes Wort. Jetzt wünscht sie
selbst, es möchte ein Mensch seyn. Jetzt bittet sie
um den Menschen, ebenso kindlich, als sie vorher
des Engels gewiß war:

> Ach mein Vater! laßt eure Recha doch
> Nie wiederum allein! — Nicht wahr, er kann
> Auch wohl verreist nur seyn?

Aus diesem Gespräch erkennen wir klar, in
welcher Glaubensüberzeugung Nathan lebt. Für ihn
gibt es nur eine sichere Probe des rechten Glaubens:
die Selbstverleugnung, die aufrichtig gewollte,
die wirklich bewährte. Für diese Selbstverleugnung
gibt es nur eine sichere Probe: die Aufopferung
in der Liebe, die freudige und vollkommen uneigen=
nützige, was Nathan „gut handeln" nennt. Zu
diesem Ziel müssen alle Gemüthskräfte zusammen=
wirken und streben, um die Herzensläuterung zu
erzeugen. So läßt sich der rechte Glaube, wie weit

er im Menschen gediehen ist, nur beweisen durch
die Herzenserläuterung und nur erkennen durch die
Herzenskündigung. Es gibt kein anderes Kenn=
zeichen. Der Mensch kann den rechten Glauben,
die religiöse Wahrheit nicht haben, wie einen äußeren
Besitz, wie einen Stein der Weisen; denn unter
diesem äuße en Besitz kann er unlauter bleiben, er
kann diese religiöse Wahrheit nur sein im Kern
seines Wesens. Hier gilt das Wort: an ihren
Früchten sollt ihr sie erkennen! Mit dieser Einsicht
in die menschliche Natur, in deren innerstem Wesen
allein der Glaube seine Früchte trägt, ist Nathan
der Frage fern geblieben: was gelten die Glaubens=
formen an sich, abgesehen von den Menschen, in
denen sie leben? Dieß hieße in seinem Sinn, die
Glaubensformen richten wollen, abgesehen von dem
einzigen Kennzeichen, das ihren Werth erkennbar
macht. Eine solche Frage kann man nur aufwerfen,
wenn man nicht Kenner ist. Eine solche Frage kann
man nur entscheiden, wenn man das Unächte für
ächt nimmt. So unächt wird die Entscheidung seyn,
eine bloße Glaubensmäkelei, die der Denkart Nathans
fremd ist.

Und eben diese Frage, die er selbst sich nie vor=

gelegt hat, kommt ihm plötzlich und unerwartet aus
dem Munde Saladins:

> Sage mir doch einmal,
> Was für ein Glaube, was für ein Gesetz
> Hat dir am meisten eingeleuchtet?

Für Nathan ist diese Frage überraschend. In
seiner Betrachtungsweise liegt sie nicht und kann in
ihr nicht liegen. Sie kann eine Falle sein, die dem
Juden gelegt ist, sie kann aufrichtig gemeint und
aus einem ächten Wahrheitsbedürfniß des Sultans
hervorgegangen seyn. Es hilft nichts, daß Nathan
zuerst mit dem Worte zurücktritt: „Sultan, ich bin
ein Jud'." Saladin dringt auf eine entscheidende
Antwort. Nathan wird behutsam gehen, er wird
die Falle vermeiden und dem Sultan die Wahrheit
sagen. Das Selbstgespräch, in dem sich Nathan
auf die Antwort vorbereitet, ist ein Muster seiner
Art. Ein solches Selbstgespräch konnte nur Lessing
schreiben.

Welcher Contrast zwischen dem, was Nathan
von Saladin erwartet, und dem, was er empfängt:
zwischen der Anleihe und dieser Frage! Er ist auf
Geld gefaßt, und Saladin will Wahrheit. Und doch

ist der Contrast so groß nicht, als er scheint. Er
will die Wahrheit, als ob sie Geld wäre:

> Und will sie so, — so baar, so blank, — als ob
> Die Wahrheit Münze wäre! — Ja, wenn noch
> Uralte Münze, die gewogen ward!
> Das ginge noch! Allein so neue Münze,
> Die nur der Stempel macht, die man aufs Brett
> Nur zählen darf, das ist sie doch nun nicht!
> Wie Geld in Sack, so striche man in Kopf
> Auch Wahrheit ein?

Hier sieht Nathan den Sultan mit seiner Frage
unter sich. So verhält sich zur Wahrheit nicht die
Liebe, sondern die Habsucht, die bloß zugreifen und
an sich reißen möchte. Mit einer feinen Wendung
sagt Nathan zu sich selbst: „wer ist denn hier der
Jude? ich oder er?"

Wie wird er antworten? Er darf den Glauben
seines Volks nicht verleugnen und zugleich die andern
Religionen nicht verwerfen. Es wäre unklug dem
Sultan gegenüber und zugleich in Nathans eigenem
Sinne falsch.

> So ganz
> Stockjude seyn zu wollen, geht schon nicht.
> Und ganz und gar nicht Jude, geht noch minder.
> Denn, wenn kein Jude, dürft' er mich nur fragen,
> Warum kein Muselmann? —

Hier hält er inne und nach einer kurzen Pause fährt
er so fort:

> Das war's! das kann
> Mich retten. — Nicht die Kinder bloß speist man
> Mit Mährchen ab. — Er kömmt. Er komme nur!

Was ist während dieser Pause im Innern Nathans vorgegangen? Der Gedankenstrich, den Lessing
an dieser Stelle macht, verbirgt eine ganze Reihe
von Gedanken, die nur in ihrem letzten Ergebniß
zum Vorschein kommen: „das war's! das kann mich
retten!" — Er hat also die Antwort gefunden auf
jene Frage, die er sich selbst im Sinne des Sultans
einwirft: „denn, wenn kein Jude, dürft' er mich
nur fragen, warum kein Muselmann?"

Lessings Interpunctionen sind so beredt, so ge-
dankenvoll, so bedeutsam; jedes Komma, jedes Se-
mikolon redet bei ihm mit. Es gibt Schriftsteller,
die Gedankenstriche machen, wenn ihnen die Gedanken ausgehen, darum gibt es in ihren Schriften
so viel solcher Striche; bei Lessing kommen die Gedankenstriche, wenn zu viel Gedanken in einen Moment zusammenströmen, bei ihm bezeichnen sie das
beredteste Schweigen.

Stockjude ist Nathan nicht und will es nicht seyn.
Und doch ist und bleibt er ein Jude. Warum ist
er einer? Vielleicht erhebt sich diese Frage in dieser
Einfachheit jetzt zum erstenmal vor seiner Seele.
Und die Antwort ist klar, die einzig ächte und wahre
Antwort: es ist der Glaube seines Volks und seiner
Väter, ihm eingeboren durch seine Herkunft, mit seiner
ganzen Lebensgeschichte auf das Innigste verwebt,
ein Theil von ihm selbst. Er hat diesen Glauben
nicht gewählt, sondern ererbt, er hat dieses Erb=
theil empfangen unter den ersten und tiefsten Ein=
drücken; alle Liebe und Treue für die Seinigen ist
mit diesem Erbtheil untrennbar verbunden. Sollte
er diesen Glauben, diese Glaubenssitte aufgeben,
ihm würde zu Muth seyn, als sollte er seinen Vater
abschwören. So ist es mit jeder eingelebten Glau=
bensform:

> Denn gründen alle sich nicht auf Geschichte,
> Geschrieben oder überliefert! — Und
> Geschichte muß doch wohl allein auf Treu
> Und Glauben angenommen werden? Nicht?
> Nun wessen Treu und Glauben zieht man denn
> Am wenigsten in Zweifel? doch der Seinen?
> Doch deren Blut wir sind? doch deren, die
> Von Kindheit an uns Proben ihrer Liebe

Gegeben? die uns nie getäuscht, als wo
Getäuscht zu werden uns heilsamer war?
Wie kann ich meinen Vätern weniger,
Als du den deinen glauben?

Alle diese Gedanken tauchen in seiner Seele schon
auf in jenem Augenblick des Monologs, wo er bei
der Frage einhält: „denn, wenn kein Jude, dürft'
er mich nur fragen, warum kein Muselmann?"

Und mit dem Gedanken kommt ihm wie eine
Eingebung das wohlbekannte Bild. Der jüdische
Glaube, in dem er sich heimisch fühlt, ist ihm ein
werthvolles theures Erbtheil: es ist der Ring, den
er von seinem Vater hat. Er gönnt jedem den
seinigen. Die Glaubensformen der Völker sind wie
die Ringe der Fabel. Der ächte Ring ist das durch
Selbstverleugnung und Liebe geläuterte Herz, ihn
erkennt und sieht nur die Herzenskündigung; sie
bleibe dem weiseren Richter am Ziele der Zeiten.
Er wird dem Sultan die Antwort des bescheidenen
Richters geben, der sich der Lösung bewußt ist, aber
sie nicht vorwegnimmt, nur den Weg zeigt, der
jenem Ziele zuführt.

Ein Augenblick ernster Selbstbesinnung hat diesen
Gedanken in Nathan zur Reife gebracht. In jenem

Moment des Selbstgesprächs, den Lessing stumm aus=
drückt mit dem Gedankenstrich, entspringt im Stillen
der Gedanke zu der Erzählung von den drei Ringen.
Jetzt, seiner Sache sicher, vollendet Nathan sein
Selbstgespräch mit dem siegesgewissen Ausruf:

> Das war's! das kann
> Mich retten! Nicht die Kinder bloß speist man
> Mit Mährchen ab. — Er kömmt. Er komme nur!

Wir sind an der Stelle, von der wir ausgingen:
an der Fabel von den drei Ringen, worin wir die
Idee fanden, die uns die Aufgabe und die Cha=
raktere unserer Dichtung erleuchten sollte. Nachdem
wir im Lichte dieser Idee die Charaktere betrachtet
und gleichsam durchwandert haben bis zu der Höhe,
auf der sich ihre Stufenreihe vollendet, steht die
Idee des Ganzen in ihrer einfachen Form wieder
vor uns. Die Charaktere sind uns durchsichtig,
jene Idee ist uns durch die Charaktere lebendig ge=
worden.

Ich möchte das Werk so erklärt haben, daß der
Name, den es trägt, als der einfachste und treffendste
erscheint: mit Recht heißt diese Dichtung „Nathan

der Weise," denn sie ist in des Wortes reinster Bedeutung ein Buch voller Weisheit, lebendiger, erziehen-
der, menschenkundiger Weisheit. „Tretet ein, auch
hier sind Götter," soll Heraklit gesagt haben, von der
Einsicht ergriffen, daß lebendige Natur, selbst in
ihren dunkelsten Formen, göttlicher sei, als todte
Bilder in todten Tempeln. Dieses Wort, in einem
weit höheren Sinne gefaßt, angewendet auf das
helle, geläuterte, geistig wiedergeborne Leben im
Gegensatze zu einem todten Glauben, nahm Lessing
zur Inschrift seines Nathan: „tretet ein, auch hier
sind Götter!"